ポストヒューマン・エシックス序説

サイバー・カルチャーの身体を問う

根村直美
Nemura Naomi

青弓社

ポストヒューマン・エシックス序説　　目次
──サイバー・カルチャーの身体を問う

序 ··· 9

第1部
サイバー・カルチャーへの誘い

第1章
ヴァーチャル・ワールドのジェンダーと
セクシュアリティ ·· 18
──その両義性

1　ヴァーチャル・ワールドのジェンダー・スイッチング …… 19
2　ヴァーチャル・ワールドのセクシュアリティ …… 28
3　一元化する自己 …… 31
4　日本のヴァーチャル・ワールドの現状をめぐって …… 33
5　セクシュアリティ再考 …… 34

第2章
MMORPGにおける
ジェンダー・スイッチングに関する一考察 …… 43

1　研究の目的 …… 43
2　調査内容と結果 …… 44
3　結果の考察 …… 50
資料 …… 59

第3章
コンピュータを介したコミュニケーションの倫理学的検討 ……73
1 テキストをベースとしたコミュニケーションがうむ共感 …… 74
2 ビデオゲームにおけるシミュレーションと同一化の考察 …… 84

第2部
サイバー・カルチャーにおける自己と身体をめぐる考察

第4章
情報社会における自己の多元化 …… 96
―― その倫理的可能性を考える
1 デネットの自己の分析とその検討 …… 97
2 インターネット時代の自己像 …… 104
3 多元化する自己の倫理的可能性 …… 112

第5章
サイバー・スペースの自己と身体に関する考察 …… 118
1 サイバー・スペースのなかの自己の誕生と身体 …… 121
2 ゲームプレイにおける身体経験に関する考察 …… 126

第6章
サイバー・カルチャーにおける〈身体論的〉転回 ……………… 141

1 初期のサイバー・カルチャーと現在のサイバー・カルチャー …… 142
2 サイバー・カルチャー研究の新たな動向 …… 147
3 新たな〈身体〉経験がもたらすもの …… 154
　―― 身体の枠組みの再構築

第3部
これからのサイバー・カルチャー研究に向けて

第7章
生成としてのサイボーグに関する一考察 …… 164

1 ティラドーの議論 …… 165
2 「逃走線」とは何か …… 172
3 なぜ「機械」なのか …… 175

第8章
〈サイボーグ〉という経験を捉える視座とはどのようなものか ……………… 186

1 科学はどのように捉えられるのか …… 187
2 社会構築主義・再考 …… 190
3 科学・芸術・哲学 …… 199

第9章
覆い隠された〈身体〉経験の顕在化に向けて ………………………… 207
──サイバー・カルチャー研究の方法

1 ニュー・メディア・スタディーズのアプローチとしての
  現象学的方法 …… 210
2 パフォーマンス研究との共通点 …… 217

引用・参考文献など一覧 ……………………………………… 227
あとがき ……………………………………………………… 243

装丁──神田昇和

序

　本書は、ポスト・ヒューマン社会に対応する倫理の探究の第一歩とすべく、〈サイバー・カルチャー〉のうちに、どのような自己や身体、そしてジェンダーが現れてきているのかを明らかにするものである。
　マーク・デリー（Mark Dery）は、1992年の論文で、サイバー・カルチャーの主たる領域を、夢想的テクノロジー、非主流派科学、前衛芸術、ポップ・カルチャーに分けた。一方、プラモード・K・ナーヤル（Pramod K. Nayar）は、その著書や編著書で、サイバー・カルチャーを様々なテクノロジーやメディア形式が集合し交差する電子的環境と定義した。ナーヤルはさらに、ビデオ・ゲーム、インターネットと電子メール、個人のホームページ、オンライン・チャット、パーソナル・コンピュータ・テクノロジーなどを具体例として挙げている。サイバー・カルチャーを定義し、その範囲を定めることは容易ではない。しかしながら、デリーとナーヤルの定義を総合するならば、サイバー・カルチャーは、誕生当初は文化や社会の主流ではないところで発達したサブ・カルチャー的なものを指していたのが、現在では、電子テクノロジーと関連した様々な文化的営為を広く指すものになっていると言える。
　サイバー・カルチャーは現在、電子テクノロジー社会に生きる我々が、世界、あるいは我々自身をどう捉えているかを表現するものという意味を帯び始めていると言えるだろう。言い換えれば、我々が世界や自分自身について何を考えているのか、そして、ど

序　9

こに向かおうとしているのかを映し出す鏡となりつつあるのがサイバー・カルチャーなのである。

　本書は、こうした理解に基づき、サイバー・カルチャーのうちに、どのような自己や身体、あるいは、ジェンダーが現れてきているのかを考察した論考をまとめたものである。筆者がそれらに注目したのは、自己や身体、あるいはジェンダーの捉え方が、〈人間〉や〈倫理〉についての理解の前提になると考えるからである。すなわち、電子テクノロジー社会に生きる我々が〈世界〉や〈人間〉について何を考え、どのような倫理をうみだしつつあるのかを考察するためには、自己や身体、あるいはジェンダーの理解がどのようなものかについて明らかにする必要があると考えられるのである。

　ジル・ドゥルーズ（Gilles Deleuze）とフェリックス・ガタリ（Félix Guattari）の議論を参考にするとき、一定の仕方で秩序化したときに覆い隠されてしまっている世界の可能性を提示するのが〈芸術〉であり、それを概念化しようとするのが〈哲学〉だと考えることができる。筆者はこれまで、「情報社会の可能性に背を向け、旧時代の人文知へ回帰する態度がいまさら勢力を強めている」ことに危惧を抱き「過去の遺産を振りかざし現状批判に興じているだけであれば、論壇も思想もまちがいなく滅びるだろう」とする東浩紀の洞察にくみする立場をとり、情報社会の可能性を探ってきているが、それはドゥルーズとガタリの議論を受けてのことである。これまでの社会関係が構築してきた〈現実〉に基づいて、電子的環境を介して新たに構築されつつある〈現実〉を批判するだけの思想や文化は、現在の社会関係が変化したとき、口をつぐまざるをえなくなるだろう。人文知の存在意義が厳しく問われている今日、求められているのはむしろ、サイバー・カルチャーをドゥルーズとガタリの言う意味での〈芸術〉と捉えること、そして、そうした〈芸術〉を概念化するという意味での〈哲学〉

によってその研究をおこなうことである。そうした立場からすると、従来の人文知、言い換えれば、〈ヒューマニズム〉の枠組みを拠りどころにするのではなく、どのような世界の可能性を顕在化させようとしているのかを問う視点からサイバー・カルチャーを見る必要があると考えられる。ドゥルーズとガタリが言う〈芸術〉の視点からサイバー・カルチャーに向き合い、そこにどのような自己や身体、そして、ジェンダーが現れてきているのかについて考察をおこなう本書は、「過去の遺産」を振りかざし「現状批判」に興じるだけではない〈人文知〉という要請に応えるものにほかならないのである。

　また本書は、電子テクノロジーに取り囲まれた状況にある我々が我々自身をどう捉えているかを照らし出すものである。その試みは我々が我々自身を知ることであり、既存の秩序を超えて世界に潜在する〈知の層〉へと我々を導くと思われるが、その〈知の層〉はまた、我々が今後どのような倫理をうみだそうとしているかを示唆してくれるだろう。我々は、来るべき未来の倫理をその〈知の層〉から紡ぎ出していくことになるにちがいない。このように、我々自身のいまとこれからのあり方についてのなにがしかの〈知〉を提示しているという意味では、本書を世に問うことには少なからぬ社会的意義があるとも言えるだろう。

　本書第1部では、複雑に展開するその世界へと誘うべく、〈ジェンダー〉とそれに関連する観点からサイバー・カルチャーの一端に光を当てている。

　第1章では、ヴァーチャル・ワールドの自己がジェンダーに関してどのように振る舞い、その自己がどのようなセクシュアリティをつくりあげるのか、そして、それがどのようにリアル・ライフと関わっているのかを考察した。その考察では、ヴァーチャル・ワールドはリアル・ライフにおけるジェンダーの束縛を解い

て多元的な自己をうみだし、新たな関係性をもつくりだす可能性をもつ一方で、リアル・ライフの一元的な自己とジェンダー構造を維持し強化する可能性ももつことを示した。

　第2章では、2006年12月から07年3月の期間、インターネット上で試験的に実施した「MMORPGにおけるジェンダー・スイッチングに関するアンケート調査」の結果を考察した。その考察では、インターネットのコミュニケーションのうちに、現実のジェンダー・ヒエラルキーから解放されたコミュニケーションの実現と、それによる現実世界の再編の可能性を探った。時期的に新しい調査とは言えないものの、この種の調査があまりおこなわれていないことに鑑みるならば、コンピュータを利用したコミュニケーションの一局面を垣間見せてくれているその調査の結果は依然として意義を失っていないと考え、本書に収めることにした。

　第3章では、コンピュータを介したコミュニケーションにおける共感や社会的相互作用について考察した論考を取り上げた。そして、それらの論考が示唆するコンピュータを介したコミュニケーションがもつ積極的な意味合いは、本書第2章で「MMORPGにおけるジェンダー・スイッチングに関するアンケート調査」の結果を通じて指摘した可能性と呼応するものであることを示した。

　本書の第2部は、第1部の考察を受けながら、どのような自己、そして身体がサイバー・カルチャーに現れているのかについて考察している。

　第4章では、インターネットを通じて日常的に経験されるようになった〈自己の多元性〉を、ラディカル・デモクラシーによって理念的に示された〈多元的な自己〉と関連づけて考察した。すなわち、情報社会に立ち現れつつある〈現実〉と、既存の倫理学理論との接合を試みた。そして、理念的なものだった自己の既存の秩序への〈異議申し立て力〉は、情報社会の進展によって現実的なものになりつつあると論じた。

第5章では、「サイバー・スペースのなかに誕生した自己は、どのように身体を経験しているのか」を検討することを通じて、サイバー・スペースが出現した時代だからこそ可能になった既存のジェンダー秩序への異議申し立てのメカニズムを探った。その考察では、サイバー・スペースは再構成された〈身体〉の経験をもたらし、既存のジェンダー秩序とそのもとにある〈生物学的に把握された身体〉への問い直しを呼び込むがゆえに、既存のジェンダー秩序への異議申し立てを可能にしていることを示した。

第6章では、誕生当初、サイバー・カルチャーは〈身体からの解放〉の実現という近未来の〈ユートピア〉への希求を描いてきたが、近年では、電子テクノロジー社会に生きる我々がいままさにうみだしつつある〈身体経験〉を顕在化させる試みを重要な要素として含みつつ展開していることを明らかにした。そして、そのようなサイバー・カルチャーの動向は、〈生物学的に把握された身体〉と結び付けられることによって課されている制約だけでなく、〈生物学的に把握された身体〉という枠組みそのものの問い直しを可能にして、身体の無限の解釈可能性を切り開いていることを示唆した。

本書第3部は、電子テクノロジー社会に生きる我々がどのように自己・身体・ジェンダーを理解するようになっているかについての考察を今後さらに推し進めるため、また、それらの考察を基礎にして、電子テクノロジーに取り囲まれた状況にある我々がいままさにうみだしつつある人間や倫理についての考えを探っていくための方法論を検討した。

第7章では、ドゥルーズとガタリの議論を援用し、前章までに述べたような、既存の社会関係を再構築しうる〈経験〉としての〈サイボーグ自己〉をより具体的に理論化することを試みた。その考察では、そうした自己は、ドゥルーズとガタリが言う「生成」の概念によって捉えられるものであり、突然の出来事であり

〈終わりのない動き〉であることを示した。また、「生成」では、我々の〈リアリティの構築〉の再認を超えた〈機械的な接続〉が重要であることを確認した。

　第8章では、既存の社会関係を再構築しうる〈生きられた経験〉としての〈サイボーグ〉を捉え、その具体的実践に光を当てる視座とはどのようなものかについて考察を試みた。その考察を通じて、我々に求められるのは、サイバー・カルチャーをドゥルーズとガタリが言うような〈芸術〉として捉えるような視点であり、また、サイバー・カルチャーが顕在化させるものをドゥルーズとガタリが言うような意味での〈哲学〉によって概念化する試みであることを示した。

　第9章では、近年サイバー・カルチャーが、電子テクノロジー社会に生きる我々がいままさにうみだしつつある身体解釈を顕在化させ始めているのを受け、そうしたサイバー・カルチャーの研究のために用いられるようになっている現象学的方法について明らかにした。すなわち、その方法とは〈ラディカル化された現象学〉的方法であること、さらにこの現象学的方法は解釈学的方法を要請することを示した。

　　　　　＊

　以上のように、本書では各章が密接に関連しながら議論を展開する構成になっている。それらの議論は連続したものであり一部を切り取ることが難しいため、いくつかの章で同じ議論が繰り返される場合があることをあらかじめお断りしておく。

　なお、本書では、その語句などが他の論者からの引用の場合には「　」を用い、筆者が自身の判断に基づいて語句などを強調したい場合や既存の概念と異なることを示唆したい場合には〈　〉を用いることにする。ただし、もともとは他の論者に由来する語句などの場合でも、筆者自身の立場や見解を表明する文脈で使わ

れている場合には、自身の判断に基づく強調として扱っている場合もある。この序文にあるいくつかの語句はそれに該当する。また、直接に引用しているわけではないが、議論を取り上げている文献で、引用や強調のため何らかの括弧がついている場合などは" "や' 'を付けた。

　また、本書の立場からすれば、文脈上既存の概念と異なる意味合いを担わせるために、〈自己〉〈身体〉〈ジェンダー〉などの言葉に常に〈　〉を付けて用いるのが適当とも思われる。実際、既存の概念とは異なる解釈での用法であることを強く示したい場合には〈　〉を付けた。煩雑になるのを避けるため、〈　〉をつけることを断念している場合もあるが、既存の概念とは異なるものであることは文脈上理解できるように努めたつもりである。

　　　　　＊

　本書を読んでいただければわかるように、サイバー・カルチャーは〈サイボーグ自己〉など近代的な〈人間〉の枠では捉えきれない〈ポスト・ヒューマン〉を様々に表現するようになってきている。それにともない、サイバー・カルチャー研究は、様々な学問分野と絡み合いながら、「ポスト・ヒューマニズム」に関する考察を蓄積させてきているが、そうしたポスト・ヒューマニズムの探究や思索はまた、それに対応する倫理思想の探究や思索を要請し始めている。本書ではポスト・ヒューマニズム、あるいは、ポストヒューマン・エシックスについて体系的に検討するまでには至らなかったが、そうした考察の基礎になるような知見を得られたのではないかと考えている。本書を、ポスト・ヒューマニズム、あるいは、ポストヒューマン・エシックスの探究に向けての新たな一歩としたい。

注
(1) Mark Dery, "Cyberculture," *South Atlantic Quarterly*, 91 (3), 1992, pp. 501-523.
(2) Pramod K. Nayar, *An Introduction to New Media and Cybercultures*, Chichester: Wiley-Blackwell, 2010; Pramod K. Nayar, "Introduction," in Pramod K Nayar ed., *The New Media and Cybercultures Anthology*, Chichester: Wiley-Blackwell, 2010, pp. 1-5.
(3) Gilles Deleuze and Félix Guattari, *Qu'est-ce que la philosophie?*, Paris: Éditions de Minuit, 1991.〔ジル・ドゥルーズ／フェリックス・ガタリ『哲学とは何か』財津理訳、河出書房新社、1997年〕
(4) 東浩紀「新しい情報環境 道具あるなら使えばいい」「朝日新聞」2011年1月27日付
(5) 例えば、2000年から15年にかけて英語で刊行され、*Posthumanism* と名付けられた書籍に限っても、以下のようなものが挙げられる。

Neil Badmington ed., *Posthumanism*, Basingstoke: Palgrave, 2000; Cary Wolfe, *What Is Posthumanism?*, Minneapolis: University of Minnesota Press, 2009; Stefan Herbrechter, *Posthumanism: A Critical Analysis*, London: Bloomsbury, 2013; Pramod K. Nayar, *Posthumanism*, Cambridge: Polity Press, 2014.

タイトルに "posthumanism"、あるいは "posthuman" という語が入っている書籍も出版されているが、あまりに多数のためここでは割愛した。
(6) Dongshin Yi, *A Genealogy of Cyborgothic: Aesthetics and Ethics in the Age of Posthumanism*, Farnham: Ashgate Gower, 2010; Patricia MacCormack, *Posthuman Ethics: Embodiment and Cultural Theory*, Farnham: Ashgate, 2012; Elana Gomel, *Science Fiction, Alien Encounters, and the Ethics of Posthumanism: Beyond the Golden Rule*, Basingstoke: Palgrave Macmillan, 2014.

第1部
サイバー・カルチャー
への誘い

第1章
ヴァーチャル・ワールドのジェンダーとセクシュアリティ
―― その両義性

はじめに

　身体と自己に関して我々がもっている〈常識〉は、それぞれの身体には、一つの私がいるという物語だった。しかし、ヴァーチャル・ワールド（仮想世界）が出現した現代では、その〈常識〉は必ずしも通用しなくなりつつある。

　ヴァーチャル・ワールドを介して自己は多元化していく。その自己は、リアル・ライフの自己が封じ込めていた部分を自らに知らしめるものだという意味で、リアル・ライフを豊かにする可能性を含みもつ。しかし一方で、ヴァーチャル・ワールドは、現実体験を〈ゆがめる〉可能性も併せもつ。ヴァーチャル・ワールドにおいて立ち現れた自己の一つが、他の自己を圧倒していく可能性もある。

　ヴァーチャル・ワールドの自己が、ジェンダーやセクシュアリティに関してどのような経験をしているのか、また、その自己はどのようにリアル・ライフと関わっているのかを明らかにするのが本章の目的である。

　なお、本書では、〈ジェンダー〉という語を〈性別〉という意味で用いるが、それを社会的・文化的に構築されたものという理解のもとで使用する。また、〈セクシュアリティ〉という語は、

〈性的欲望・性的行動の総体〉⁽¹⁾という意味で用いる。それもまた、社会的・文化的に構築されたものという理解のもとで使用する。

1　ヴァーチャル・ワールドの　　ジェンダー・スイッチング

ジェンダー・スイッチング（gender-switching）

シェリー・タークル（Sherry Turkle）は、"哲学とはいくつもの選択肢を想像する技術である"というウィリアム・ジェームズ（William James）の言葉を引きながら、ヴァーチャルな世界でのジェンダー・スイッチング⁽²⁾を哲学的実践の場所として位置づける⁽³⁾。

タークルによれば、男に見せかけること、女性らしさを脱構築すること、それらは、MUD⁽⁴⁾で女性プレイヤーがおこなっているゲームである⁽⁵⁾。4つのMUDで男性や女性のキャラクターを演じている34歳の女性は、次のように語っている。「MUDで男を2年やってます。最初は権力っていう点で平等な場でプレイしてる気分になりたかったからでした。そのために考えられたのが男になることだけだった。でも、しばらくすると、MUDにすっかり夢中になってしまって。かなり単純なMUDでウィザード⁽⁶⁾になって——私はユリシーズって名乗ってました——システムに関わりをもつようになって、男として自分がしっかりしているし、みんなは私のことを偉いウィザードだと思ってくれると知りました。女の身で人と一線を画したり断固たる態度をとったりすると決まって、私っていやな女だという気分になったものです。ほんとに、みんなも私はいやな女だと思っているという気がするんです。男になっているとそういうことすべてから解放されました⁽⁷⁾」

また、拒食症で治療を受けているある女性プレイヤーは、自分のヴァーチャルなボディを次のように語ったという。「現実の生活では、自己管理が重要です。私にとって女でいることはとても

第1章　ヴァーチャル・ワールドのジェンダーとセクシュアリティ　　19

怖いことなんです。それはわかっています。自分のからだを消してしまいたい。現実の生活で。MUDでもです。MUDでは私、女みたいなものですけど、性的対象として見られるような人間ではないの。MUDで記述することは、あやしげなことやずるい表現の組み合わせなんです。「女みたいなもの」ってフレーズがいいわ。そんなものに、私、現実の生活でもなりたいんじゃないかしら」[8]

　一方、タークルによれば、男性が女性のキャラクターを演じることも少なくない。[9]例えば、『ハビタット』というMUDのユーザーは概算によると150万人。その登録メンバーには、現実の女性1人に対して4人の割合で現実の男性がいる。ところが、MUD内での割合は、女性キャラクター1人に対して男性キャラクターは3人だけ。つまり、相当数の男性のプレイヤーが女性を演じているのである。

　女性キャラクターになる男性は、男性である自分にはできない振る舞いをするためにジェンダー・スイッチングをする。ある男性は、女性キャラクターを演じることにした理由を次のように述べている。「女の人のする経験のことをもっと知りたかった。そういうことについての本を読んで知るだけじゃなくて。……その違いがどんなふうに感じられるのかわかりたかった。反対側の人間になる実験をしてみたかった。……協力や助力を惜しまない人間になりたかったんです。女性のほうがそうしやすいかと思って。……男として、なわばり意識や競争心を強くもつように育てられたものですから。何かこれまでと違う新しいことを試してみたかったんです。……ある意味で、図式化して言うと女性的なコミュニケーションのし(ママ)方は、男性的な仕方よりも生産的だと身にしみて感じました——この場合、競争なんてじゃまになるだけです」[10]。この男性は、成長過程でいやおうなく競争を押し付けられたが、実は競争が好きではなかった。しかし、現実では協調関係

をつくることは難しい状況にあった。

　他方、この男性とは逆に、対決姿勢を取りやすいがゆえに、女性になる男性もいる。その男性は次のように語ったという。「仮想現実がおもしろくなるためには、現実(リアル)を模倣しなければなりません。でも、現実にはできないようなことが仮想ではできるようでなければね。ぼくにとっては、自分の女性キャラクターたちがおもしろいのは、ぼくが心の中でやりたいと思っているようなことを言葉や行動に出せるからなんです。でも、そんなことを男としてやったら不快でしょうが。強い女性は賞賛に値すると思います。強い男は問題ありだと思うんです。いじめるやつになるおそれがありますから」「妻も僕も小規模ビジネス向けにロゴマークをデザインしています。(略)仮にぼくが「このロゴのデザインで三千ドルですね。お任せいただけますか。それでだめならこの話はなかったことに」と言うとします。ただ典型的な押しの強いビジネスマンですよね。妻が言ったとしたら、「頼もしい」女性のせりふに聞こえるんじゃないでしょうか。社会で男が力をふりまわすことがあまりに多いもんだから、男として力を行使すると紋切り型の男となってしまう。女性のほうがずっと簡単にできるんですよ」(11)

　また、〈女性を演じた精神分析医〉のエピソードは有名である。そのエピソードは伝説と化していて、実際にあった出来事もあるが、似たようなエピソードが〈女性を演じた精神分析医〉のもとにまとめられて語られている場合もある。ここでは、アルケール・ロザンヌ・ストーン（Allucquère Rosanne Stone）が語るその"伝説"を紹介しよう。(12)

　ストーンによれば、1982年、サンフォード・レヴィンという名のニューヨークの精神科医がコンピューサーブという会議システムにアカウントを開いた。レヴィンは、最初から女性キャラクターを演じようとしたわけではなかった。ただ、レヴィンがたま

たま話していた女性は、レヴィンのことを女性の精神科医だと思い込んでしまった。その女性との会話を通じて、チャット・システムのなかで女性が他の女性との会話にともなう壁を簡単に捨て去ることを知り、精神科医としてチャット・システムを有効に利用できると考えたのである。そして、"女性として"女性とインタラクションしようという思いに駆られるようになった。レヴィンは、ジュリー・グラハムという名で、コンピューサーブに二つめのアカウントを開いた。ジュリーは、自分をニューヨークの神経心理学者だとし、最近、飲酒運転が原因の大事故に巻き込まれたとつづった。ボーイフレンドは死亡し、彼女は頭部と脊髄、とりわけ発話を制御する脳のブローカ野にひどい損傷を受けた。その結果、現在、口がきけず、身体両側とも麻痺状態にある。加えて、ジュリーの頭は形成外科で元通りにすることが不可能なほどにゆがんでしまった。そのため、ジュリーは決して人前に姿を見せなくなった。世捨て人のつらさのなかで次第に人生から身を引き始め、真剣に自殺を考えるようになった。そんなとき、1人の友人が小さいコンピュータとモデムをくれた。そして、コンピューサーブに出会ったのだった。

　レヴィンは、詳細かつ複雑にジュリーの経歴をつくった。ジュリーは最初は遠慮がちにオンラインにいた。しかしやがて、自分の人生がいかに変化しつつあるか、ネットで他の女性たちとインタラクションすることが自分の状況を見つめ直すうえでどんなに助けになっているかを語り始めた。自殺を考えることをやめ、新たな人生設計を立て始めた。1人暮らしで、目下のところ無職だったが、遺産から少しばかりの利子を得ていた。無神論者で、体制化された宗教を批判し楽しんでいた。麻薬を吸い、バイセクシュアルで男性や女性との関係を発展させていったのだった。

　ジュリーはコンピューサーブで女性だけの討論グループを始めた。また、グループを離れても女性と長話をしたし、ジュリーの

助言は多くの人にとってとても救いになった。そうしたなかで、何人かの女性が彼女に打ち明けた。自分は落ち込んでいて、自殺を考えていると。すると、ジュリーはそこに至るまでの話を分かち合い、人生をより肯定的に見るよう励ました。また、麻薬や薬物の依存状態にある女性たちも救った。ある年配の女性は、大学に戻りたいのだが、不合格になるのが恐いと打ち明けた。ジュリーはその女性を勇気づけ、志願手続きを取らせた。めでたく大学から入学許可が下りると、ジュリーは彼女のいくつかの論文作成にアドバイスし、全体として賢い助言者、やさしい姉として振る舞ったのである。

　彼女はジョンという名の若い警官と出会った。ジョンは彼女の身体の障害や顔の傷のことをまったく気にしなかった。2人は急速に恋に落ちた。間もなくジョンからプロポーズがあり、彼らは結婚した。ジュリーは、職業生活も開花させ始めた。会議に出席し始め、アメリカの各地で論文を発表し始めた。まもなくヨーロッパでも発表するようになった。ジュリーは大学で教鞭を取ることについても話し始めた。

　ジュリーの人生は急速に展開し、驚くほどの個人的成長を経験していた。レヴィンは、これほどに劇的にジュリーとしての演技が成功するとは思っていなかった。オンライン上で、何人かの女性に助言ができるかもしれないという軽い気持ちで始めたことだった。しかし、実際に起きたことは、それまで本人もその存在を知りえなかった自分自身のまったく新しい部分の発見だった。いつの間にか、ジュリーの人生に没頭していく自分があったのだ。ジュリーはいまや、独自の自己をつくりだし、自身の考えや目標をもつようになっていった。それは、レヴィンが自己を失ったということではなく、並列的に存在する自己をつくりだしたのであった。

　最後に、〈女性を演じた精神科医〉のエピソードの顛末にも触

れておこう。ジュリーの友人は、ジュリーの生活について疑問を抱き始めた。特に、"健常者"と親しい関係を結ぶことの困難を実感していた障害をもつ女性たちには、ジュリーとジョンの関係がまったく非現実的に見えた。レヴィンは、こうした疑いに直面して、ジュリーを消滅させるという解決策を取った。つまり、ジュリーは死ぬことになったのである。しかし、レヴィンのもとには、ショックや悲嘆、心配を書き連ねるメールが殺到した。チャット・システムは混乱した。そのためレヴィンは、ジュリーを死なせることができなかった。結局、ジュリーは回復した。だが、ジュリーの友人の1人が病院に電話し、ジュリーという患者はいないことが明らかになったのである。

レヴィンは、次の策を試すことにした。ジュリーはほどなく人々に新しい友人を紹介し始めた。精神科医レヴィンその人だった。こうした紹介によって、レヴィンはジュリーの友人と仲間になろうとし始めた。しかし、それはかなわなかった。オンライン上のレヴィンは、たやすく友人ができるような人柄ではなかったのである。オンライン上のレヴィンは、友情を築いたと感じていた女性数人に自らの正体を明かすという危険をおかした。彼がこの手続きに踏み切るやいなや、そのメッセージがネット中に一気に広まった。

レヴィンには、ジュリーの魅力とカリスマがいくらかでも移るということはなかった。ネット上の人々にとって、ジュリーとレヴィンは明確に区別されるキャラクターだった。言い換えれば、ジュリーというオンライン上でうみだされたキャラクターは、ただレヴィンにとって存在していたばかりでなく、社会的にも認知された存在だったのである。

〈抵抗〉としてのヴァーチャル・ワールド

タークルが言うように、ヴァーチャル・ワールドのジェンダ

ー・スイッチングは、〈現実(リアル)〉への抵抗という意味をもちうる。MUDは、沈黙を強いられている自己の抵抗の場と見ることができるのである。それは、恋愛小説を読むことを、抵抗の一つの形と見ることができるのと同様である。[13]

　こうした見方は、我々が人種や階級、ジェンダーの束縛に知らず知らずのうちに抵抗していることを敏感に捉える現在のカルチュラル・スタディーズに広く共通するパースペクティブである。[14]例えば、ヘンリー・ジェンキンズ（Henry Jenkins）は、あるテレビ・ファンの"週末だけの世界"を歌う詩を引用して、その詩は「ファンの世界は、現実からの逃避なのではなく、世俗の社会よりももっと人間的で民主的な価値をもつもう一つの現実である」というファンたちの認識を表現していると述べている。[15]ジェンキンズは、この一種のヴァーチャル・ワールドのなかでの価値を「民主」的と表している。言い換えれば、こうした議論は、その世界においては自己が、リアル・ライフでは〈抽象的な理念〉でしかないような〈自由〉、あるいは〈平等〉に近いあり方を経験しうる場合があることを示唆している。

　前節で述べたMUDにおけるジェンダー・スイッチングもまた、そうした〈抽象的な理念〉としての〈自由〉〈平等〉に近づくような経験を可能にする試みと捉えられるのではないだろうか。もちろん、MUDのなかのキャラクターも、キャラクター同士の相互作用によって、完全に〈自由〉で〈平等〉ではありえない。しかし、自身があたかも〈自由〉で〈平等〉であるように振る舞うとはどういうことなのかについての経験を、特に、リアル・ライフではそのように振る舞うことが難しい人のうちにうみだすことを可能にしているのが、MUDのジェンダー・スイッチングによる〈抵抗〉なのだろう。

　この〈抵抗〉は、自己の「「物理的な」場所」によってではなく、それ以前の「身体論が根拠としてきた身体から「独立」した

象徴交換の体系、つまり、情報テクノロジー」のなかでおこなわれている(16)。それは、「情報交換のネットワークを身体の移動とは異なるベクトルの位相で移動する自己(17)」によるものである。

　キャサリン・ボンド・ストックトン（Kathryn Bond Stockton）は、「ポスト構造主義者」や「ポストモダニスト」の思考における身体にまつわる妄想は、逃げ口としての「現実的身体」への執着を表しているのではないかと推測している(18)。ストックトンは、そういった妄想を、「言語の外に」ある何かへの熱望の表現と見ているのである。しかしながら、身体は、決して「言語の外に」はない。ジャック・ラカン（Jacques Lacan）は、身体が、実は実体的な物質ではなく、鏡に映った形象（身体像）として想像的に獲得されるメカニズム、すなわち、自己は自己の身体を常に鏡に映った像として獲得するというメカニズムの分析をおこなった(19)。ラカンの考えによれば、幼児は、自分と自分を世話してくれる人との区別がつかない状態から、自己を切り離して自己の身体の外延を獲得するとき、それを実体的に獲得するのではなく、他者のまなざしによって、すなわち、自己の身体として社会によって差し出された虚像として、鏡像的に獲得する。我々は自己の身体を、自己が参入する社会の〈言語〉（象徴体系）に従って解釈するのである。ジュディス・バトラー（Judith Butler）もまた、身体はその形象性の確立によって獲得され、構築されるものなので、所与のものではないとする(20)。バトラーによれば、身体は形態を模倣したものであり、形態を反復することでパフォーマティブに生産されるものなのである。こうした議論に従えば、身体は〈抵抗〉の足場ではありえない。

　しかしながら、ヴァーチャル・ワールドは新たな〈抵抗〉の足場をつくりつつある。その〈抵抗〉は、リアル・ライフの自己変革の可能性をもたらす。先に取り上げたMUDで女性キャラクターを演じている男性は、「ぼくの性格にはいろいろな面(アスペクト)がある

——より断定的で経営手腕があって、事務的な面も——MUDではそういったところを発揮できるんです。事務的なことが得意だったためしがなかったんだけど、MUDで訓練してそういうことに携わる女性を演じたのでずっとましになりました。ぼくにはいろいろなことができる——現実に、ということですよ——以前はできなかったことが。キャサリン・ヘップバーンもどきのキャラクターたちを演じてきたおかげです」と語り、ヴァーチャル・ワールドの自己がリアル・ライフの自己の変革をもたらしたことをうかがわせている。

　さらにこのような〈抵抗〉が、他者になることで自己を相対化し、また、他者の視点に立つことによって相互に尊重し合う基盤をつくりだす可能性もある。こうした可能性については、役割演技療法の創始者J・L・モレノ（J. L. Moreno）によって、早くから指摘されている。遠藤薫によれば、モレノが提案する心理劇は、役割交換を一つの柱とする。役割交換とは、他者が演じる自己に対して他者として振る舞うことにより、自分を取り巻く世界について新たな枠組みを設定することである。モレノはその原型をソクラテスの産婆術としている。しかも、この枠組みの変化が1人の患者だけに限定されるものではないとするところに、モレノの主眼がある。彼の流れを汲む心理劇は、精神分析派の心理劇とは異なって、集団プロセスを核と考えている。モレノはこうした心理劇をギリシャ悲劇に倣って構成した。ギリシャ悲劇と同様、劇のなかの出席者はあるときは主演者の分身であり、あるときは出演者を詰問し、またあるときは出演者を慰撫する。役割交換の幾重もの相互作用のなかで、古い枠組みが破壊され、新しい枠組みが創出されるのである。したがって、あるセッションで中心に取り上げられるのは特定の患者の問題だが、劇が進行するにつれて参加メンバー相互の間に"内的真実"の交流が生じ、この交流によって1人の患者だけではなくメンバー全員の"自発性／創造

性"が発現する。しかも、ここで生じた"自発性"は、その源泉は劇という仮構ではあるけれども、それが集団的体験として生じるところに、確固たるリアリティのその後も持続する基盤を確保しうると、モレノは主張する。このようなモレノの主張を考え合わせると、ヴァーチャル・ワールドの〈抵抗〉に、これからの新たな秩序形成の萌芽を見て取ることができるのである。

　ただし、このような〈抵抗〉に関しては、疑問も投げかけられてきている。コンピュータを介したコミュニケーションを利用して生活や仕事の状態を変えようと試みた人のほとんどは、事態はもっと複雑だと気づいている。(24)例えば、ある女性は、MUDで切り開いた仕事のスタイルをリアル・ライフの仕事のスタイルに広げることはできないでいる。勤めている会社では、そうしたスタイルの余地を見いだすことができないからである。

　このような場合、非現実の場所で生きることが、現実の問題の解決へとつながるのではなく、単なる逃避の場になってしまうことが危惧されるかもしれない。しかしながら、このような場合でも、次のように考えることは可能である。すなわち、たくさんの人たちが逃避したくなるのであれば、我々は、リアル・ライフのほうがおかしいのではないかという考えを抱かざるをえなくなるだろう。我々のうちに、そのような考えを呼び起こすのであれば、逃避の場でしかありえない場合でも、ヴァーチャル・ワールドはリアル・ライフを相対化して、そのあり方を見直すような視座を維持するものとなりえてはいるのである。

2　ヴァーチャル・ワールドのセクシュアリティ

　誰か他のプレイヤーのキャラクターの行動を操っておいて、そのキャラクターに性的行為を強要できたとしたら、MUDでヴ

ーチャル・レイプは起こりうる。強制できるかどうかは、キャラクターのアクションとリアクションを指揮できるかどうかにかかっている。[25]

　1992年、ミスター・バングルと名乗る「お世辞のうまい、ビスクドールのような顔のピエロ」のキャラクターが、『LambdaMOO』という人気MUDのリビング・ルームに現れたときのことである。[26] 他のキャラクターのふりをする幻影（ファントム）をつくりだすのは、MUDのプログラミング・トリックで、しばしばヴードゥー人形をつくる、などと言われる。この"人形"は元のキャラクターを複写すると言われ、そのキャラクターは"人形"がすることなら何でもしなければならないことになる。バングルは、そういうヴードゥー人形を使って、その部屋にいる人間に1人また1人と、自分と性的行為をさせていった。部屋から追い出されても、バングルは性的な暴挙を続けることができた。とうとう、ウィザードがバングルを動けなくして、システムから消した。サイバー・スペースでの最初の被害者はレグバであった。レグバは、「ハイチにいる性別不明のいたずら好きの精霊で、褐色の肌にパールグレイの高級スーツを着て、シルクハットをかぶり、サングラスをかけている」と描写されるキャラクターだった。ウィザードがバングルを動けなくした翌日、『LambdaMOO』で広く読まれている社会問題関係のメーリング・リストに、レグバがこの問題を取り上げた。レグバは、"礼儀"と"ヴァーチャル去勢"を要求した。レグバのキャラクターを演じていた女性は、泣きながらその文章を書いたという。

　『LambdaMOO』では、MUDレイプのオンライン・ミーティングが繰り返された。そのミーティングで、あるプレイヤーが「どこまでが身体で、どこからが精神なのか？　精神は身体の一部ではないのか？」という問いを投げかけると、別のプレイヤーが「MOOでは、身体すなわち精神だ」と答えたという。[27] MUDのレ

イプは、いわゆる〈身体的な接触〉をともなわない。しかし、そのキャラクターに対するレイプは成立しうる。少なくとも、そのキャラクターを演じるプレイヤーは、そのように感じうる。MUDでのレイプは、単なる〈ファンタジー〉として捉えられるべきではないのである。

 そして、そう考えるならば、我々は、キャサリン・マッキノン(Catharine A. MacKinnon) の立場に近づくことになる[28]。すなわち、暴力的な言葉は行為となりうるがゆえに、「単なる言葉」としてすまされず、そのため、禁止されるべきポルノグラフィもあるという立場である。マッキノンの観点にほとんど共感することなくリサーチを始めたというジャーナリストのジュリアン・ディベル(Julian Dibbell) も、「ヴァーチャル・レイプという概念を真剣に考えれば考えるほど、シンボリックな世界とリアルな世界という整然とした区別の上に成り立つ言論の自由という概念を真剣に考えられなくなった」と認めている[29]。

 ヴァーチャル・ワールドは、新たなセクシュアリティをうみだしつつもある。ヴァーチャルな自己によっても、その振る舞いを通じてリアル・ライフ以上の性的な関係が経験され始めている。〈生物学的に把握された身体〉をもたずしても、性的欲望、そして、性的行動が紡ぎ出されている。ヴァーチャルな自己は、〈生物学的に把握された身体〉から切り離されたセクシュアリティという現象をうみだしつつあるのである。

 こうしたヴァーチャルな自己のセクシュアリティという現象に直面するとき、言葉が行為となるというマッキノンの議論は新たな意味をもち始めるだろう。ヴァーチャル・ワールドでは、言葉が、即、行為になるようなセクシュアリティがうまれつつあること、そして、そうしたセクシュアリティがリアル・ライフのセクシュアリティと変わることがない〈リアリティ〉をもつことに目を向けることなくしては、ヴァーチャル・ワールドが切り開く可

能性を見失いかねないのである。

3　一元化する自己

　ヴァーチャル・ワールドは、新たな自己をうみだすことで〈抵抗〉の場になりうるだけでなく、他者との新たな関係をもたらす可能性をもつ。しかし一方で、ヴァーチャル・ワールドが、特殊な種類の一元的な自己をうみだしていることから目を背けることはできない。すなわち、自己の多様性を開く最も強力なツールが、逆に自己の多様性に対する抑制力になってしまっているのである。(30)実は、先に挙げた役割演技療法でも、退行や他者との共感がない"権力意志"が生成されてしまう可能性が指摘されている。(31)ヴァーチャル・ワールドでそれが顕著に現れているのも、ジェンダー／セクシュアリティに関わる局面である。

　ストーンはその実例として、『バトルコマンダー』というゲームのディレクターを取り上げている。(32)最新作の公開ショーで、『バトルコマンダー』のプレリリース・ヴァージョンが披露された。『バトルコマンダー』のオープニング画面には、薄いシーツに包まれた裸の若い女性が軍隊の簡易ベッドに横たわった姿で映し出される。カーソルが肌に触れると、彼女は身を起こして、色気たっぷりにプレイヤーを見つめる。そのディレクターはこの画面がとりわけ自慢だった。彼は、いつもにぎやかで彼を敬愛する若い男性たちに囲まれていた。そのため、立ち止まってデモを見ていた何人かの女性が落胆や嫌気から首を振っていることには気づかなかった。その後、このディレクターは、本社社長から「起動画面」の変更を命じられ、激怒し「チームをばらばらにしようとしている奴らがいる。あのいまいましい雌ガエルどもだよ」「あのいまいましい雌ガエルどもは、俺たちのすることが気にい

らないんだ。こんな騒ぎをおこしやがって。『バトルコマンダー』が性差別なんて、どこからそんなことがいえるんだ」「このゲームに性差別なんて、どこにもありゃしないよ！」と言ったという。「雌ガエルども」はそのディレクター独特の言葉で、自分の魅力の基準に合わない女性を指す。そのなかには、彼のゲームの質について遠慮なく意見する女性が含まれる。

　ストーンが見るところでは、ゲームの圧倒的多数が、故意に、あるいは無意識に女性を侮辱していることの原因は、多くの場合、実際にゲームのプログラムを作成している人たちの性格や習慣にある。ストーンの大学での研究が明らかにしたところによれば、プログラマーの圧倒的多数は青年期やそれをすぎたばかりの男性であり、彼らはゲームで描いているのと同じような生活様式である傾向にある。すなわち、一つの目的に準じた決定、非常に限られた範囲の目標。そして多くの場合、彼らは社会生活にはほとんどなじんでいない。たまにマンガを読む以外は本を読まないし、私的な交流では異様に未熟な考え方を貫こうとする。女性への関わり方もその一つである。彼らにとって、女性はゲームのなかと同じように対象化される傾向にある。もっとも、彼ら自身は問題があるとは思っていない。彼らは、彼らへの問いかけに対する洞察を強く拒む。自分たちのゲームには性差別などないと信じている。それはまさに彼らの生き方にも性差別がないと信じていることとまったく同じである。(33)

　こうしたプログラマーたちは、自己を多様に展開することを考えることはない。彼らにとって、現実の生活様式そのままの自らのゲームは、自己の多様性を〈抑圧〉するものでしかない。その一元化した自己は、〈権力意志〉の塊と言っていいかもしれない。そこには、他者への共感はない。ただ、他者を支配する自己しかない。そこでは、ヴァーチャル・ワールドは独自性を失っている。ヴァーチャル・ワールドは、リアル・ライフと平面的につながっ

てしまっている。ヴァーチャル・ワールドは並行して存在するアナザー・ワールドではなくなり、〈抵抗〉の場でもなくなる。そこにはリアル・ライフの権力関係がそのまま持ち込まれるだけではない。そこは、リアル・ライフの権力関係を維持・強化するような場になるのである。

4　日本のヴァーチャル・ワールドの現状をめぐって

　どの物事もそうであるように、ヴァーチャル・ワールドにも光と影がある。ヴァーチャル・ワールドは、リアル・ライフにおけるジェンダーの束縛を解いて多元的な自己をうみだすとともに、新たな関係性をうみだしていく可能性ももつ。その一方で、ヴァーチャル・ワールドが、リアル・ライフの一元的な自己やジェンダー構造を維持し強化する可能性をもつことも否定できない。

　筆者は、ヴァーチャル・ワールドがもつ前者の可能性、すなわち、多元的な自己をうみだし、新たな関係性をもうみだしていく可能性について大きな期待を寄せており、これ以降、本書ではその可能性の考察が中心となる。しかしながら、一元化した自己とその自己のもとでの特定の関係性が、ヴァーチャル・ワールドに確実に浸透しつつあることに対する危惧も抱いている。特に、日本のヴァーチャル・ワールドのある局面で、その危惧を強く抱かざるをえない。本章では、その危惧について考察しておきたい。

　現在大きな問題になっているものに、ポルノ画像がある。もちろん、ポルノ画像のすべてが女性を対象化し侮蔑的に扱っていると言うことはできない。しかし、児童ポルノについて言えば、その多くは〈差別的な〉女性観と切り離して考えることはできないだろう。この点については、1980年代のロリコン・コミックスの出現に関する伊藤公雄の論考が参考になる。伊藤によれば、

性の対象として幼い少女が選択された理由としては80年代を前後して生じた男の子と女の子の関係の変化がある。この時期、女の子たちのほうが意志や行動力の面でも男の子たちを乗り越えるという傾向がますますはっきりし、ひ弱なマザコン少年たちにとって、同世代の女の子たちは手にあまる存在になってしまった。しかしその一方で、男の子たちは"（女に対する）強き者としての男"という神話にまだまだ縛られている。"支配的な性"としての"男らしさ"の神話と現実の自分自身のひ弱さというジレンマが、男の子たちを、"より弱き異性""よりコントロールしやすい異性"としての幼い少女たちへと向かわせたのではないかと分析するのである。

　コンピュータというヴァーチャル・ワールドの出現により、このような傾向は1990年代以降さらに拍車がかかり、ネット上の児童ポルノの氾濫という現象をうんでいる[35]。アダルトゲームについては、性暴力を疑似体験する内容が問題視されてきた[36]。このような現状を見るにつけ、ヴァーチャル・ワールドによる特定の関係の維持・強化の可能性に対しては、いま以上に批判的な目を向けていく必要があるだろう。

　では、この批判のツールにはどのようなものがありうるのだろうか。これに関しては、第3節で示唆したように、リアル・ワールドとヴァーチャル・ワールドとを截然と区別するという思考法を見直すことが第一歩になるだろう。そして、そうであるとするならば、これ以降、本書で論じていくような〈自己〉と〈身体〉の新たな理解が求められてくるだろう。

5　セクシュアリティ再考

　最後に、前節で取り上げたポルノ画像に関連して、よくあるカ

タルシス論についても触れておこう。カタルシス論とは"ポルノは、男の欲望を代理経験させることで性的攻撃性を和らげ、もしくは解消させる"というものである。これについては、杉田聡が、佐々木輝美の研究などを援用し、ある条件ではカタルシス効果が生じることを認めながら(例えば、日本の「時代劇」)、「ポルノは「時代劇」的な場面設定がなされている可能性はまずありえない」と反論を試みている。

　そもそも、カタルシス論が前提にしているような性的欲望は、構築されるものだと認識する必要があるだろう。今日のセクシュアリティ研究では、〈性欲は本能ではない〉ことが指摘されている。これは、1799年フランスのアヴェロンの森で発見され、J・M・G・イタール（J. M. G. Itard）によって教育された野生児ヴィクトールの記録などによってもたらされた知見である。ヴィクトールには性衝動らしきものはあっても、性的欲望として自覚されることはなく、また、それをいかに充足するかという行動パターンがまったく存在しなかったのである。これはヴィクトールの例だけではない。野生児には男女を問わず、方向性をもった明確な性的欲望・性的行動、すなわちセクシュアリティが認められていないのである。野生児は、なぜセクシュアリティをもたなかったのか。小倉千加子は、その答えを野生児が言語をもたなかったことに求めている。ヴィクトールは言葉をしゃべれなかった。そして、ヴィクトールはセクシュアリティをもたなかった。この二つは無縁ではない。非常に緊密に結び付いている。ヴィクトール自身は言語をもたなかったゆえに、自分が男であるか女であるかという認識、自分が男性、あるいは女性としてこういう自分だという認識をもっていなかった。社会が子どもを構築するところの記号である言語を獲得できないと、ジェンダーからこぼれ落ちてしまい、結果的にはセクシュアリティからも締め出されてしまうのである。

このような近年のセクシュアリティ研究がもたらした〈性欲は本能ではない〉という知見を前提とするならば、杉田が言うように、「少なくともポルノを、何らかの事情で高まった性的興奮を鎮めるための装置と見るだけでは、決定的に不十分」であり、カタルシスについても「一見カタルシス的な効果と思えたものは、十分なカタルシスを保証するものではなく、むしろ引きつづく性的興奮を準備するプロセスにほかならない。カタルシスは終局的なものにはならず、一時のカタルシスが予想するのはカタルシスそのものではなく、カタルシスへの欲求、したがって絶えざる欲求不満でしかない」と考えることができるのではないだろうか。

　ジークムント・フロイト（Sigmund Freud）は「人間は性の欲動と特定の性対象との結合を先天的に備えているのではない」と言っているという。イタールも100年前にそのことを感じ取っていた。しかし、そのような考察が「きわめて甘美で喜ばしい幻想」を打ち崩すことを危惧していたようである。

　確かに、イタールが言うように、セクシュアリティ研究が近年もたらした知見は、ある人たちには、「きわめて甘美で喜ばしい幻想」を打ち崩すものなのかもしれない。しかしながらこうした知見は、ヴァーチャル・ワールドに現れる、〈生物学的に把握された身体〉から切り離されたセクシュアリティの〈リアリティ〉を裏打ちするものであり、また、その多元的で柔軟な自己による新たな関係性の創出を支えるものとも言える。

おわりに

　本章では、ヴァーチャル・ワールドは、リアル・ライフにおけるジェンダーの束縛を解いて多元的な自己をうみだすとともに新たな関係性をもうみだしていく可能性をもつ一方で、リアル・ラ

イフの一元的な自己やジェンダー構造を維持し強化する可能性も
もつことを示した。
　我々は、ヴァーチャル・ワールドの複雑な展開を理解しなければならない。我々の社会は、複雑に展開するヴァーチャル・ワールドをいやおうなしに組み込んで進展している。そのヴァーチャル・ワールドでの経験を取るに足りないものとすることはもはや許されない。そのことは、ジェンダー／セクシュアリティが焦点となる局面を通じて本章が示したとおりである。ヴァーチャル・ワールドでの経験の意味を十分に考察する営みこそが、21世紀の哲学・倫理学になっていくだろう。

注
（1）この定義は、小倉千加子の著作に拠っている（小倉千加子『セクシュアリティの心理学』〔有斐閣選書〕、有斐閣、2001年、42ページ）。
（2）タークルは「ジェンダー・スワッピング」という言葉を用いているが、本書では、他の章で用いている語に合わせ「ジェンダー・スイッチング」で統一した。
（3）Sherry Turkle, *Life On The Screen: Identity in the Age of the Internet*, New York: Simon & Schuster, 1995, p. 214.〔シェリー・タークル『接続された心――インターネット時代のアイデンティティ』日暮雅通訳、早川書房、1998年、289ページ〕。以下、日本語訳やその表記はおおむねこの訳書に従ったが、筆者の判断で変更した個所がある。
（4）Multi-User Dungeon、Multi-User Domain、Multi-User Dimension の略であり、「オンラインゲームのうち、複数のプレイヤーが同時にアクセスして楽しむことのできるゲームの総称である。特に1970年代後半にひろまったテキストベースのゲームを指すことが多い。最初に広く知られるようになった MUD は、リチャード・バートルとロイ・トラブショーによって公開されたダンジョン型のゲームだった。以来、MUD は他のプログラマーたちの手

によって開発され、ヨーロッパ圏を中心に人気を博した」(「MUD」「IT用語辞典バイナリ」〔http://www.sophia-it.com/content/MUD〕〔2008年2月25日アクセス〕)。

　また、タークルの説明によれば、MUDはもともと、マルチユーザー・ダンジョンの略だった。1970年代終わりから80年代初めにかけてハイスクールや大学で大流行したファンタジー・ロールプレイング・ゲーム『ダンジョンズ・アンド・ドラゴンズ』がそのルーツのためである。インターネット上でアクセスできるMUDには、アドベンチャー・タイプと、想像力のおもむくままにどんなふうにでも遊ぶことができるタイプがある。後者は社会的MUDと呼ばれることが多い(Turkle, *op. cit.*, pp. 11-14, 180-186.〔前掲『接続された心』12―17、240―249ページ〕)。

(5)　*Ibid.*, p. 215.〔同書291ページ〕

(6)　"ウィザード"とは、最高レベルのプレイヤーを指す(*Ibid.*, p. 193.〔同書258ページ〕)。

(7)　*Ibid.*, p. 221.〔同書300ページ〕

(8)　*Ibid.*, p. 215.〔同書291ページ〕

(9)　*Ibid.*, p. 212.〔同書286ページ〕

(10)　*Ibid.*, p. 216.〔同書292―293ページ〕

(11)　*Ibid.*, pp. 219-220.〔同書297ページ〕

(12)　Allucquère Rosanne Stone, *The War of Desire and Technology at the Close of the Mechanical Age*, Cambridge, Massachusetts: MIT Press, 1995, pp. 65-81.〔アルケール・ロザンヌ・ストーン『電子メディア時代の多重人格――欲望とテクノロジーの戦い』半田智久/加藤久枝訳、新曜社、1999年、93―117ページ〕。以下、引用などの日本語訳やその表記はこの訳書に従った。ただし、直接の引用ではない場合には、一部変更している。

(13)　Turkle, *op. cit.*, pp. 241-246.〔前掲『接続された心』328―336ページ〕

(14)　*Ibid.*, p. 241.〔同書328ページ〕

(15)　Henry Jenkins, *Textual Poachers: Television Fans & Participatory Culture*, New York: Routledge, 1992, pp. 280-281.

(16) Stone, *op. cit.*, p. 92.〔前掲『電子メディア時代の多重人格』132ページ〕
(17) *Ibid.*, p. 92.〔同書132ページ〕
(18) Kathryn Bond Stockton, "Bodies and God: Poststructuralist Feminists Return to the Fold of Spiritual Materialism," in Margaret Ferguson and Jennifer Wicke eds., *Feminism and Postmodernism*, Durham: Duke University Press, 1994, pp. 129-165.
(19) Jacques Lacan, *Écrits*, Paris: Éditions du Seuil, 1966.〔ジャック・ラカン『エクリⅠ』宮本忠雄／竹内迪也／高橋徹／佐々木孝次訳、弘文堂、1972年、同『エクリⅡ』佐々木孝次／三好暁光／早水洋太郎訳、弘文堂、1977年、同『エクリⅢ』佐々木孝次／海老原英彦／芦原眷訳、弘文堂、1981年〕
　本書におけるラカンの議論のまとめは、竹村和子の著作に拠っている(竹村和子『フェミニズム』〔思考のフロンティア〕、岩波書店、2000年、37―38ページ)。
(20) Judith Butler, *Bodies That Matter: On the Discursive Limits of "Sex"*, New York: Routledge, 1993.
　本書におけるバトラーの議論のまとめは、竹村和子の著作に拠っている(前掲『フェミニズム』65―66ページ)。
(21) Turkle, *op. cit.*, p. 220.〔前掲『接続された心』297―298ページ〕
(22) J. L. Moreno, *Who Shall Survive?: Foundations of Sociometry, Group Psychotherapy and Sociodrama*, Beacon: Beacon House, 1953.
(23) 遠藤薫「旅人たちのヴァーチャル・コミュニティ――メディアの時代に「社会」はどのようにして可能か」、今田高俊編『ハイパー・リアリティの世界――21世紀社会の解読』所収、有斐閣、1994年、149―150ページ
(24) Turkle, *op. cit.*, p. 245.〔前掲『接続された心』333―334ページ〕
(25) *Ibid.*, p. 251.〔同書342ページ〕
(26) *Ibid.*, pp. 251-252.〔同書342―344ページ〕

(27) *Ibid*., p. 253.〔同書346ページ〕
(28) マッキノンは、女性に向けて暴力的な行為を言葉で表すことが社会的な行為になることもあると論じてきた。そのために、単なる言葉ではすまされないという理由で禁止されるべきポルノグラフィもあるとした（Catharine A. MacKinnon, *Only Words*, Cambridge, Massachusetts: Harvard University Press, 1993.〔キャサリン・A・マッキノン『ポルノグラフィ――「平等権」と「表現の自由」の間で』柿木和代訳、明石書店、1995年〕）。
(29) Julian Dibbell,"A Rape in Cyberspace: How an Evil Clown, a Haitian Trickster Spirit, Two Wizards, and a Cast of Dozens Turned a Database Into a Society," *The Village Voice*, Dec 23, 1993. (http://www.juliandibbell.com/texts/bungle_vv.html)〔2013年2月17日アクセス〕

　ディベルのこの言葉は、タークルの *Life On The Screen* に引かれている。そのため、日本語訳はタークルのその著作の邦訳『接続された心』に従った。
(30) Stone, *op. cit.*, p. 163.〔前掲『電子メディア時代の多重人格』235ページ〕
(31) 前掲「旅人たちのヴァーチャル・コミュニティ」152ページ
(32) Stone, *op. cit.*, pp. 159-161.〔前掲『電子メディア時代の多重人格』229―232ページ〕
(33) *Ibid*., pp. 162-163.〔同書233―234ページ〕
(34) 伊藤公雄『〈男らしさ〉のゆくえ――男性文化の文化社会学』新曜社、1993年、40―42ページ
(35) 2000年5月、国連総会はあらゆる表現にわたって児童ポルノを禁じる議定書を採択して、02年、日本政府もそれに署名、その翌年には締結につき国会の承認を受けた（外務省「児童の売買、児童買春及び児童ポルノに関する児童の権利に関する条約の選択議定書」の批准書の寄託について」〔http://www.mofa.go.jp/mofaj/press/release/17/rls_0125a.html〕〔2014年6月3日アクセス〕）。実写版の児童ポルノについては、日本でも1999年に「児童買春・ポルノ処罰法」が制定され（2004年、14年に改正）、取り締まりがお

こなわれている（森山眞弓／野田聖子編著『よくわかる改正児童買春・児童ポルノ禁止法』ぎょうせい、2005年）。
(36) 「朝日新聞」の記事「性暴力ソフト制作禁止決定 業界審査機関」（2009年6月5日付）によれば、社団法人「コンピュータソフトウェア倫理機構」は、性暴力を描写したソフトの制作禁止を決めたと発表した。強姦行為を疑似体験するゲームソフトに国内外から批判が集まっていたのを受けてのことだった。同機構は「多方面からの批判を厳粛に受け止めた」とコメントした。
(37) 杉田聡『男権主義的セクシュアリティ――ポルノ・買売春擁護論批判』（シリーズ現代批判の哲学）、青木書店、1999年、107ページ
(38) 佐々木輝美『メディアと暴力』勁草書房、1996年
(39) 前掲『男権主義的セクシュアリティ』107―109ページ
(40) 大島清『性紀末』毎日新聞社、1995年、小倉千加子『セックス神話解体新書』（ちくま文庫）、筑摩書房、1995年、村瀬幸浩「性的欲求について――性差？自然？文化？」「月刊生徒指導」1997年11月増刊号、学事出版、50―55ページ、東清和／小倉千加子編『ジェンダーの心理学』（「ワセダ・オープンカレッジ双書」第4巻）、早稲田大学出版部、2000年、前掲『セクシュアリティの心理学』
(41) Jean Itard, "Mémoire et Rapport sur Victor de l'Aveyron (1894)," in Lucien Malson, *Les enfants sauvages: mythe et réalité*, Paris: 10/18, 1964, annexe, pp. 117-247. J・M・G・イタール『新訳 アヴェロンの野生児――ヴィクトールの発達と教育』（中野善達／松田清訳〔「野生児の記録」第7巻〕、福村出版、1978年）に、上記中の二つの報告書（1801年／06年）の邦訳が収められている。
(42) Robert M. Zingg, "Feral Man and Extreme Cases of Isolation," *The American Journal of Psychology*, 53（4）, 1940, pp. 487-517〔R・M・ジング「野生人と極端に孤立した環境で育った諸事例」大沢正子訳、R・M・ジングほか『遺伝と環境――野生児からの考察』所収、中野善達編訳（「野生児の記録」第4巻）、福村出版、1978年、122―182ページ〕; Malson, *op. cit.*〔L・マルソン『野生児――その神話と真実』（中野善達／南直樹訳〔「野生児の記録」

第5巻〕、福村出版、1977年〕
(43) 前掲『セックス神話解体新書』160—167ページ
(44) 前掲『男権主義的セクシュアリティ』113—114ページ
(45) 前掲『セックス神話解体新書』156ページ
(46) Itard, op. cit., p. 189.〔前掲『新訳　アヴェロンの野生児』78ページ〕

第2章
MMORPGにおけるジェンダー・スイッチングに関する一考察

1 研究の目的

　コンピュータを介したコミュニケーションについては、既存のコミュニケーションにおいてヒエラルキーをつくりだしてきたと考えられる様々な人間的属性、例えば、ジェンダー、民族、年齢、財産、職業などの属性から我々を解放する可能性をもつ、という議論が提示されてきた[1]。これらの議論では、コンピュータを介したコミュニケーションは、匿名性と非共時性という特質ゆえに、対面的コミュニケーションで重要な役割を果たす諸要因を無効化する点で、参加の平等性を強めるとともに自由な発言を可能にする効果をもつと論じられたのである。しかしながら、スーザン・ヘリング（Susan Herring）がおこなったインターネット上のフォーラムの分析[2]やキャロル・J・アダムス（Carol J. Adams）がおこなったポルノグラフィ分析[3]は、コンピュータを介したコミュニケーションには現実世界のジェンダー構造がそのまま持ち込まれており、そのことが現実世界の男女間のヒエラルキーの維持・強化に加担していることを明らかにしている。
　一方、シェリー・タークルは、MUD[4]プレイヤーなどへのインタビューをおこない、ジェンダー・スイッチングがそのユーザーたちにとってどのような意味をもつのかを分析した[5]。タークルの

研究では、コンピュータを介したコミュニケーションは、既存のコミュニケーションにおいてヒエラルキーをつくりだしてきたと考えられる様々な人間的属性から我々を解放しているわけでは必ずしもないこと、そのため、そのコミュニケーションは、〈個人の自由〉が最大限に発揮されるような社会をうみだしているわけではないが、ヘリングやアダムスの指摘するようなジェンダー構造に完全に絡め取られているわけでもないことが示された。すなわち、タークルの研究では、ジェンダー・スイッチングのうちに、現実のヒエラルキーから解放されたコミュニケーションの実現と、それによる現実世界の再編の可能性が示されたのである。

　筆者は、こうした先行研究の流れを受け、21世紀の日本でのコンピュータを介したコミュニケーションにおいて、男女間のヒエラルキーから解放されたコミュニケーションの可能性や現実世界の支配的な配置の再構成の可能性が現れている局面を探究することを目的にして、2006年12月から07年3月の期間、REAS（リアルタイム評価支援システム）[6]を利用しインターネット上のアンケート調査を試験的に実施した。そのアンケートでは、MMORPG[7]のプレイヤー105人が、インターネットにおけるジェンダー・スイッチングの経験の有無や、その経験の現実の自己や生活への影響について回答を寄せてくれた。この調査結果を手がかりに、日本のインターネットにおける自己、および、ジェンダーの状況について考察を試みたい。

2　調査内容と結果

調査内容の概要

　インターネット調査に当たっては、まず、全員に次のような項目を尋ねた。以下、アンケート項目を直接に紹介する場合には、

アンケート時の表記に従うことにする。特に、アンケート中では、「スイッチング」に対して、「スウィチング」という表記を当てていることをお断わりしておきたい。

　1）あなたの性別は
【選択肢】男性／女性／その他／回答したくない
　2）MMORPGをはじめてから何ヶ月ですか。1年以上の場合は、1年を12ヶ月で計算してご記入ください。
　3）今までにいくつのMMORPGをしましたか。その数をご記入ください。
　4）いくつのキャラクターをMMORPGでは使っていますか。
　5）ここ1ヶ月間においてMMORPGを週に平均何時間利用しましたか。
　6）現実生活で女性あるいは男性として生きることに違和感やストレスがありますか。「強く感じる」から「まったく感じない」までの7段階のうち、あなたの感じ方に最も近いものを1つ選んでください。
【選択肢】強く感じる／感じる／やや感じる／どちらともいえない／あまり感じない／感じない／まったく感じない
　7）あなたの性的指向は
【選択肢】異性愛／同性愛／両性愛／その他／回答したくない
　8）あなたの年齢をご記入ください。
　9）結婚していますか。
【選択肢】はい／いいえ／回答したくない

　このうち、6）を除いて、回答したくない場合には、未記入で先に進んでもらった。そして、10番目の設問で、MMORPGに

ついて以下の三つのうち、該当するものを一つ選んでもらった。

①現実生活の自分とは異なるジェンダーのキャラクターを通じてMMORPGを利用したことがない。
②最近1ヶ月の間に、現実生活の自分とは異なるジェンダーのキャラクターを通じてMMORPGを利用した。
③現実生活の自分とは異なるジェンダーのキャラクターを通じてMMORPGを利用したことがあるが、それは1ヶ月以上前のことである。

続いて、①と答えた人に関しては、以下のような事柄について回答を求めた。

ア）「1．現実生活の自分とは異なるジェンダーのキャラクターを通じてMMORPGを利用したことがない」に該当する方は、その理由を記述してください。
イ）a. ネット上で現実生活の自分とは異なる自分を経験できると思いますか。
【選択肢】思う／思わない
ウ）先の質問項目（a. ネット上で現実生活の自分とは異なる自分を経験できると思いますか）の内容について自由に記述してください。
エ）b. 上記aのようなネットの中での経験が、現実生活の自分に影響を及ぼしうると思いますか。
【選択肢】思う／思わない
オ）先の質問項目（b. 上記aのようなネットの中での経験が、現実生活の自分に影響を及ぼしうると思いますか）の内容について自由に記述してください。
カ）c. 上記aのような経験が、結果的に、現実生活を変えて

いくことにつながると思いますか。
【選択肢】思う／思わない
キ）先の質問項目（c. 上記 a のような経験が、結果的に、現実生活を変えていくことにつながると思いますか）の内容について自由に記述してください。

　一方、②あるいは③と答えた人に対しては、次のような内容の設問に答えてもらった。なお、〔　〕は、実際のアンケートでは省略された文言である。

ク）ネット上では、現実生活の女性あるいは男性としての経験とは異なる経験ができる〔と思いますか〕。「強く思う」から「まったく思わない」までの7段階のうち、あなたのお考えに最も近いものを1つ選んでください。
【選択肢】強く感じる／感じる／やや感じる／どちらともいえない／あまり感じない／感じない／まったく感じない
ケ）先の質問項目（ネット上では、現実生活の女性あるいは男性としての経験とは異なる経験ができると思いますか）の内容について自由に記述してください。
コ）先のようなネットの中での経験が、現実生活の自分に影響を及ぼしうると思いますか。「強く思う」から「まったく思わない」までの7段階のうち、あなたのお考えに最も近いものを1つ選んでください。
【選択肢】強く感じる／感じる／やや感じる／どちらともいえない／あまり感じない／感じない／まったく感じない
サ）先の質問項目（先のようなネットの中での経験が、現実生活の自分に影響を及ぼしうると思いますか）の内容について自由に記述してください。
シ）ジェンダー・スウィチングは結果的に、現実生活を変

えていくことにつながると思いますか。「強く思う」から「まったく思わない」までの7段階のうち、あなたのお考えに最も近いものを1つ選んでください。
【選択肢】強く感じる／感じる／やや感じる／どちらともいえない／あまり感じない／感じない／まったく感じない
ス）先の質問項目（ジェンダー・スウィッチングは結果的に、現実生活を変えていくことにつながると思いますか）の内容について自由に記述してください。

結果の概要

　回答者105人の性自認の内訳は、「男性」91人（86.7%）、「女性」10人（9.5%）、「その他」1人（1.0%）、「回答したくない」3人（2.9%）であり、回答者の大部分の性自認は男性だった。
　回答者105人のMMORPGの利用期間は平均で39.9カ月だった。利用しているMMORPG数の平均は5.8、この1カ月の平均利用時間は24.4時間だった。
　「現実生活で女性あるいは男性として生きることに違和感やストレスがありますか」という問いに関しては、「強く感じる」を選んだ回答者3人（2.9%）、「感じる」を選んだ回答者3人（2.9%）、「やや感じる」を選んだ回答者8人（7.6%）、「どちらともいえない」を選んだ回答者12人（11.4%）、「あまり感じない」を選んだ回答者20人（19.0%）、「感じない」を選んだ回答者15人（14.3%）、「まったく感じない」を選んだ回答者44人（41.9%）だった。性的指向については、「異性愛」を選んだ回答者91人（86.7%）、「同性愛」を選んだ回答者0人（0.0%）、「両性愛」を選んだ回答者5人（4.8%）、「その他」を選んだ回答者5人（4.8%）、「回答したくない」を選んだ回答者4人（3.8%）だった。また、回答者の年齢の平均は25.2歳であり、回答者のうち結婚している人は9人（8.6%）、結婚していない人は93人（88.6%）、回答し

たくない人は3人（2.9%）だった。

　全体の回答者のうち「②最近1ヶ月の間に、現実生活の自分とは異なるジェンダーのキャラクターを通じてMMORPGを利用した」が51人（48.6%）、「③現実生活の自分とは異なるジェンダーのキャラクターを通じてMMORPGを利用したことがあるが、それは1ヶ月以上前のことである」が24人（22.9%）であり、実際にジェンダー・スイッチングを試みている人や試みたことがある人がアンケートに興味をもち回答してくれたことがわかるが、「①現実生活の自分とは異なるジェンダーのキャラクターを通じてMMORPGを利用したことがない」人も30人（28.6%）回答を寄せてくれた。

「①現実生活の自分とは異なるジェンダーのキャラクターを通じてMMORPGを利用したことがない」30人のうち、「a. ネット上で現実生活の自分とは異なる自分を経験できると思いますか」という問いに関しては、「思う」が14人（46.7%）、「思わない」が16人（53.3%）という回答結果になった。また、「b. 上記aのようなネットの中での経験が、現実生活の自分に影響を及ぼしうると思いますか」という問いに関しては、「思う」が19人（63.3%）、「思わない」が11人（36.7%）だった。さらに、「c. 上記aのような経験が、結果的に、現実生活を変えていくことにつながると思いますか」という問いに関しては、「思う」が18人（60.0%）、「思わない」が12人（40.0%）だった。

　一方、「②最近1ヶ月の間に、現実生活の自分とは異なるジェンダーのキャラクターを通じてMMORPGを利用した」、あるいは「③現実生活の自分とは異なるジェンダーのキャラクターを通じてMMORPGを利用したことがあるが、それは1ヶ月以上前のことである」と答えた75人のうち、「ネット上では、現実生活の女性あるいは男性としての経験とは異なる経験ができる〔と思いますか〕」という問いに関しては、「強く思う」が4人（5.3%）、

「思う」が17人（22.7％）、「やや思う」が9人（12.0％）、「どちらともいえない」が12人（16.0％）、「あまり思わない」が12人（16.0％）、「思わない」が11人（14.7％）、「まったく思わない」が10人（13.3％）だった。また、「先のようなネットの中での経験が、現実生活の自分に影響を及ぼしうると思いますか」という問いに関しては、「強く思う」が2人（2.7％）、「思う」が11人（14.7％）、「やや思う」が12人（16.0％）、「どちらともいえない」が9人（12.0％）、「あまり思わない」が8人（10.7％）、「思わない」が11人（14.7％）、「まったく思わない」が22人（29.3％）だった。さらに、「ジェンダー・スウィッチングは結果的に、現実生活を変えていくことにつながると思いますか」という問いに関しては、「強く思う」が1人（1.3％）、「思う」が3人（4.0％）、「やや思う」が7人（9.3％）、「どちらともいえない」が14人（18.7％）、「あまり思わない」が16人（21.3％）、「思わない」が8人（10.7％）、「まったく思わない」が26人（34.7％）だった。

3　結果の考察

自己の多元化についての考察

　本調査では、ジェンダー・スイッチングをしたことがない人には、現実生活とは異なる自己の経験について聞いている。その回答に関して興味深い結果が出たため、それについて若干の考察を加えてみたい。
「a. ネット上で現実生活の自分とは異なる自分を経験できると思いますか」「b. 上記aのようなネットの中での経験が、現実生活の自分に影響を及ぼしうると思いますか」「c. 上記aのような経験が、結果的に、現実生活を変えていくことにつながると思いますか」という問いに関して、いずれも「思う」を選んだ回答者は

10人であり、そのすべてが男性を自認する人だった。

該当回答者に関して自由回答欄を見てみると、その記述には、現実生活と異なる自己の経験が現実生活の自己や現実生活に肯定的な影響をもたらしうる可能性についてかなり雄弁な〈語り〉が認められる（以下、〔 〕は筆者の判断でおこなった表記の修正である）。まず、「a. ネット上で現実生活の自分とは異なる自分を経験できると思いますか」という問いの自由回答欄には、「いろいろな性格をだせるから面白い。たとえばMMORPGにかぎらずMORPG(8)やFPS(9)ではキャラ制作や名前の変更が自由なものが多いからいろいろな発言や〔回答では「な」となっていたが、文脈から「や」に修正〕行動をとることができる」「日常では難しい討論も、真剣にしてくれる人がいるから」「見た目とかで、さべつされないから」といったことが記述されている。また、「b. 上記aのようなネットの中での経験が、現実生活の自分に影響を及ぼしうると思いますか」という問いの自由回答欄には、「ネットでしか手に入らない裏情報とかを得たときとか、影響を及ぼすと思う」「他人の発言などに影響を多々受ける」「ネットの中で言われた事や言った事を〔回答では「が」となっていたが、文脈から「を」に修正〕、少なからず現実の自分の教訓としてるから」「表情とかが見られないから、同情かもしれないけど、励まされたときとか、嬉しいときがある」「ネット上では各人の本音が出やすい傾向にある（特に匿名・仮名での行動が許されている場所）ので、他人の意見をダイレクトに得ることは、多少なりとも現実での参考になると思う」といった記述が見られる。「c. 上記aのような経験が、結果的に、現実生活を変えていくことにつながると思いますか」という問いの自由回答欄では、「自分の思考も変わってくる」といった記述が認められる。

「アイデンティティの断片化（ゆらぎ）は新たな統一（秩序）の源泉である」とする今田高俊は、「ただし自己組織化が起きるた

めには、「もうひとつの自己」が従来の自己とのあいだで闘争し、新たな意味を形成できなければならない。(略)アイデンティティの自己組織化とは、自己の内部に非自己というかたちで新たな「もうひとつの自己」を生みだし、これらを編集して不断に新たな自己、すなわち意味的同一性を形成することである」として、「ポストモダンの自己アイデンティティに求められるのは、断片化し意味を欠いた記号を編集して新たな意味形成をおこなう差異の編集能力である」と論じる(10)。「自己の多元化」と「新たな意味形成」という観点からすると、本調査結果は、特にジェンダーに関わらない場合には、回答者(すべて性自認が男性)にその可能性が鋭敏に感じ取られ意識化されていることを示唆していると言えるだろう。

ちなみに、「a. ネット上で現実生活の自分とは異なる自分を経験できると思いますか」という問いには「思わない」という回答をしているものの、続く二つの問いに対しては「思う」と答えた人もいた。その自由回答欄を見ると、「パーティーリーダーなどをやった時、指示の仕方や回りへの心配りなど現実ではやったことがないリーダーの立ち回り的なものを学べた様に思う」「ゲームとは言え現実、人の経験には繋がると思うので現実世界を変えるきっかけなり動力源になると思う」という記述が認められた。この人の場合もまた、新たな意味形成をおこなう「もうひとつの自己」を〈雄弁〉に語っていると言えるだろう。

ジェンダー・スイッチングについての考察

続いて、「②最近1ヶ月の間に、現実生活の自分とは異なるジェンダーのキャラクターを通じてMMORPGを利用した」、あるいは「③現実生活の自分とは異なるジェンダーのキャラクターを通じてMMORPGを利用したことがあるが、それは1ヶ月以上前のことである」と答えた75人のうち、「ネット上では、現実生

活の女性あるいは男性としての経験とは異なる経験ができる〔と思いますか〕」「先のようなネットの中での経験が、現実生活の自分に影響を及ぼしうると思いますか」「ジェンダー・スウィッチングは結果的に、現実生活を変えていくことにつながると思いますか」という三つの問いすべてに、「やや思う」「思う」「強く思う」のいずれかの回答をした人に注目してみたい。

こうした回答をした人は、全部で9人だが、そのうち男性を自認する人が7人、女性を自認する人が2人だった。該当の「男性」回答者に関し、「ネット上では、現実生活の女性あるいは男性としての経験とは異なる経験ができる〔と思いますか〕」という問いの自由回答欄を見てみると、「単純に対する人の反応が異なる」「チャットなど話をしていて完全に女性と思われていて、男性から誘われたり、貢がれたりなど、通常女性でしかあじわえない事なども体験出来る」といった記述が認められる。また、「先のようなネットの中での経験が、現実生活の自分に影響を及ぼしうると思いますか」「ジェンダー・スウィッチングは結果的に、現実生活を変えていくことにつながると思いますか」の自由回答欄に「女性的な考え方ができるようになりました」と記述している人がいた（正確には、後者の問いに関しては「前述の通り」と記述されている）。

一方、該当の「女性」回答者について見てみると、「ネット上では、現実生活の女性あるいは男性としての経験とは異なる経験ができる〔と思いますか〕」という問いの自由回答欄には「自分の嘘を表現できる」といった記述、また、「ジェンダー・スウィッチングは結果的に、現実生活を変えていくことにつながると思いますか」という問いの自由解答欄では、「現実には体験することができない、男の立場を実体験することが出来る。結果、視野が広がる」「現実とは違う自分を演じることで、違う自分を発見できると思う」といった記述が認められる。

こうして見てみると、数はそれほど多いとは言えないものの、タークルがかつてMUDのプレイヤーから探り出したのと同様の経験を、21世紀の日本のMMORPGプレイヤーにも垣間見ることができると言えるだろう。すなわち、本調査の結果は、現在の日本におけるMMORPGの利用が、現実のジェンダー・ヒエラルキーから解放されたコミュニケーションの実現と、それによる現実世界の再編の可能性を含みもつことを示唆していると思われるのである。

　ところで、今回の結果で特に興味深いのは、性自認を「女性」と回答した10人のうち２人が、ジェンダー・スイッチングに関する３つの問いすべてに「やや思う」「思う」「強く思う」のいずれかの回答をしており、その自由回答欄でMMORPGで異なるジェンダーとして振る舞うことが〈もう一つの自己〉の経験となりえていることをはっきり意識していることをうかがわせる記述をしていることである（そのうち１人は自身の現実生活のジェンダーに関して違和感を覚えているが、もう１人は必ずしもそうではない）。それに対して、性自認が「男性」の場合には、該当回答者91人中の７人と割合的に少ないだけではなく、自由回答欄の記述も少なく、どちらかと言えば〈寡黙〉だった。先に取り上げたジェンダー・スイッチングをしたことがない人で、「a. ネット上で現実生活の自分とは異なる自分を経験できると思いますか」「b. 上記aのようなネットの中での経験が、現実生活の自分に影響を及ぼしうると思いますか」「c. 上記aのような経験が、結果的に、現実生活を変えていくことにつながると思いますか」という問いに関して、すべて「思う」と答えた人の記述に〈雄弁さ〉が認められたのとは対称的である。

　こうした結果からは、現実のジェンダー秩序において不利な立場に置かれている女性のほうが、MMORPGにおける現実とは異なるジェンダーでの経験に対して敏感で、より意識的なことを

見て取れるのではないだろうか。言い換えれば、こうした結果を見るかぎり、ジェンダーに関する場合に、〈男性〉のほうが「新たな意味形成」に消極的な状況にあると言うこともできるだろう。もしかすると、〈消極的〉というより、それに対しての〈困難〉の度合いが大きいと言ったほうがいいのかもしれない。例えば、本調査で、ジェンダー・スイッチングをしたことがない人から、その理由として「同性〔回答では「同姓」となっていたが、「同性」に修正〕の醜さが浮き彫りになるのが目に見えてるから」という回答が得られた。ジェンダー秩序において有利な立場にある〈男性〉が、〈女性〉の立場に立つということは自身の〈醜さ〉を直視せざるをえない営みになり、心理的に相当の負荷がかかることなのかもしれない。しかしながら、そのような負荷を乗り越えて「新たな意味形成」がおこなわれたことを指し示す自由回答もあり、その可能性は閉ざされたものではないことは確かだろう。

おわりに

　本章の調査結果からは、現代の日本社会におけるコンピュータを介したコミュニケーションがもつ可能性の一端を垣間見ることができたにすぎない。それが、MMORPGの経験の大勢を占めているとはとても言えないだろう。しかしながら、コンピュータがこれほどまでに浸透した現代社会では、たとえその利用が第1章で触れたような倫理的な問題性を含むものだったとしても、我々の生活からコンピュータをなくしてしまうことを考えることは現実的ではない。そうであるなら、より積極的な意味合いについての言説を積み重ねていくほうが、はるかに建設的な試みなのではないだろうか。というのも、コンピュータを介したコミュニケーションがもつ積極的な意味合いについての言説自体が、コン

ピュータを介したコミュニケーションがもつ倫理的可能性を現実化していくことに資すると筆者は考えるからである。

　今後は、近年のゲーム文化研究の知見などとも照らし合わせながら、インターネット上での〈もう一つの自己〉の経験などに関して理論的考察を進めていきたいと考えている。そうした試みは、近年の文化研究が目を向けつつある〈既存の秩序の再編成〉がどのように可能になっていくのかを、個々人の〈経験〉という側面から明らかにしていくことになるだろう。

注
（１）Mark Poster, *The Mode of Information: Poststructuralism and Social Context*, Cambridge: Polity, 1990〔マーク・ポスター『情報様式論』室井尚／吉岡洋訳（岩波現代文庫）、岩波書店、2001年〕; Charles Ess, "The Political Computer: Democracy, CMC, and Habermas," in Charles Ess ed., *Philosophical Perspectives on Computer-Mediated Communication*, Albany: State University of New York Press, 1996, pp. 197-230; 水谷雅彦「インターネット時代の情報倫理学」、越智貢／土屋俊／水谷雅彦編『情報倫理学——電子ネットワーク社会のエチカ』（「叢書＝倫理学のフロンティア」第4巻）所収、ナカニシヤ出版、2000年、3―48ページ
（２）Susan Herring, "Posting in a Different Voice: Gender and Ethics in CMC," in Ess ed., *op. cit.*, pp. 115-145.
（３）Carol J. Adams, "'This Is Not Our Fathers'Pornography': Sex, Lies, and Computers,"in Ess ed., *op. cit.*, pp. 147-170.
（４）第1章の注（４）を参照のこと。
（５）Turkle, *op. cit.*
（６）REAS は、調査票の作成・公開・リアルタイムな集計閲覧をすべてウェブ上でおこなうアンケートシステムである。提供はメディア教育開発センター。
（７）Massively Multiplayer Online Role-Playing Game の略であり、「数百人から数千人規模のプレーヤーが同時に一つのサーバに接続

してプレイするネットワーク RPG」を指す(「MMORPG」「IT 用語辞典 e-words」〔http://e-words.jp/w/MMORPG.html〕［2005年10月15日アクセス］)。
(8) Multiplayer Online Role-Playing Game の略であり、「複数の人数で遊ぶ RPG の総称。一般的には 2 〜 4 人でプレイする小規模 RPG を指す場合が多い」(「MORPG」「オンラインゲーム用語集」〔http://game.ocn.ne.jp/game/word/alphabet/m-r.html#MORPG〕［2008年 2 月25日アクセス］)。
(9) First Person Shooter の略であり、「主人公から見た視界が 3 次元グラフィックスでそのまま表示される「一人称視点」のシューティングゲーム」を指すが、「「カメラの視点」で主人公を見ながら操作する従来のアクションゲームに比べて、高い没入感が得られる。実際の我々の視界と同様に主人公の真横やうしろは見えないので、従来とは異なるゲーム性がある」という(「FPS」「IT 用語辞典 e-words」〔http://e-words.jp/w/FPS-1.html〕［2008年 2 月25日アクセス］)。
(10) 今田高俊『意味の文明学序説──その先の近代』東京大学出版会、2001年、146―147ページ

謝辞
　本章で取り上げたアンケート調査の質問項目は、リン・D・ロバーツ(Lynne D. Roberts)氏とマルコム・R・パークス(Malcolm R. Parks)氏がおこなった調査を参考に作成している。両氏の調査の存在は、Lynne D. Roberts and Malcolm R. Parks, "The Social Geography of Gender-switching in Virtual Environments on the Internet"(in Eileen Green and Alison Adam eds., *Virtual Gender: Technology, Consumption and Identity*, London: Routledge, 2001, pp. 265-285)を通じて知った。しかしながら、上記論文には質問紙が載せられておらず、そのかわり編者の注記として、通常この種の社会科学系の論文に載せられる調査の情報を編集サイドが紙幅の都合で割愛した旨が記されていた。その注記には併せて、それらの情報は執筆者から得られることとともに執筆者のメールアドレスが記載されていた。そこで、パ

ークス氏に電子メールで問い合わせたところ、実際に調査に用いられた質問紙を送ってもらうことができた。両氏の調査の質問項目をそのまま用いることはできなかったが、貴重な資料を提供していただいたことに深く感謝の意を表したい。

資料

調査内容の概要
＊設問一覧

質問番号	質問内容
1	あなたの性別は
	男性
	女性
	その他
	回答したくない
2	MMORPGをはじめてから何ヶ月ですか。1年以上の場合は、1年を12ヶ月で計算してご記入ください。(例)1年5ヶ月→17ヶ月
3	今までにいくつのMMORPGをしましたか。その数をご記入ください。
4	いくつのキャラクターをMMORPGでは使っていますか。キャラクター数
5	ここ1ヶ月間においてMMORPGを週に平均何時間利用しましたか。時間数
6	現実生活で女性あるいは男性として生きることに違和感やストレスがありますか。
	「強く感じる」から「まったく感じない」までの7段階のうち、あなたの感じ方に最も近いものを1つ選んでください。
	強く感じる
	感じる
	やや感じる
	どちらともいえない
	あまり感じない
	感じない
	まったく感じない
7	あなたの性的指向は
	異性愛
	同性愛
	両性愛

7	その他
	回答したくない
8	あなたの年齢をご記入ください。回答したくない場合は、未記入のまま次の設問にお進みください。年齢：
9	結婚していますか。
	はい
	いいえ
	回答したくない
10	ここからはMMORPGにおけるジェンダー・スウィチングに関する質問です。1から3の中から該当するものを選んでください。
	1．現実生活の自分とは異なるジェンダーのキャラクターを通じてMMORPGを利用したことがない。
	2．最近1ヶ月の間に、現実生活の自分とは異なるジェンダーのキャラクターを通じてMMORPGを利用した。
	3．現実生活の自分とは異なるジェンダーのキャラクターを通じてMMORPGを利用したことがあるが、それは1ヶ月以上前のことである。

以下11から19は「1．現実生活の自分とは異なるジェンダーのキャラクターを通じてMMORPGを利用したことがない」と答えた人への設問。

質問番号	質問内容
11	「1．現実生活の自分とは異なるジェンダーのキャラクターを通じてMMORPGを利用したことがない」に該当する方は、その理由を記述してください。
12	a．ネット上で現実生活の自分とは異なる自分を経験できると思いますか。
	思う
	思わない
13	先の質問項目（a．ネット上で現実生活の自分とは異なる自分を経験できると思いますか）の内容について自由に記述してください。
14	b．上記aのようなネットの中での経験が、現実生活の自分に影響を及ぼしうると思いますか。
	思う
	思わない

15	先の質問項目（b. 上記 a のようなネットの中での経験が、現実生活の自分に影響を及ぼしうると思いますか）の内容について自由に記述してください。
16	c. 上記 a のような経験が、結果的に、現実生活を変えていくことにつながると思いますか。
	思う
	思わない
17	先の質問項目（c. 上記 a のような経験が、結果的に、現実生活を変えていくことにつながると思いますか）の内容について自由に記述してください。
18	d. あなたは私たちの研究のホームページ（ブログ）をどうやってみつけましたか。それについて自由に記述してください。
19	e. この調査に関して自由にご意見・ご感想を書いてください。

以下20から28は、「2．最近1ヶ月の間に、現実生活の自分とは異なるジェンダーのキャラクターを通じてMMORPGを利用した」、および、「3．現実生活の自分とは異なるジェンダーのキャラクターを通じてMMORPGを利用したことがあるが、それは1ヶ月以上前のことである」と答えた人への設問。

質問番号	質問内容
20	「強く思う」から「まったく思わない」までの7段階のうち、あなたのお考えに最も近いものを一つ選んでください。
	ネット上では、現実生活の女性あるいは男性としての経験とは異なる経験ができる。
	強く思う
	思う
	やや思う
	どちらともいえない
	あまり思わない
	思わない
	まったく思わない
21	先の質問項目（ネット上では、現実生活の女性あるいは男性としての経験とは異なる経験ができる）の内容について自由に記述してください。

22	先のようなネットの中での経験が、現実生活の自分に影響を及ぼしうると思いますか。
	強く思う
	思う
	やや思う
	どちらともいえない
	あまり思わない
	思わない
	まったく思わない
23	先の質問項目（先のようなネットの中での経験が、現実生活の自分に影響を及ぼしうると思いますか）の内容について自由に記述してください。
24	ジェンダー・スウィチングは結果的に、現実生活を変えていくことにつながると思いますか。
	強く思う
	思う
	やや思う
	どちらともいえない
	あまり思わない
	思わない
	まったく思わない
25	先の質問項目（ジェンダー・スウィチングは結果的に、現実生活を変えていくことにつながると思いますか）の内容について自由に記述してください。
26	ネット上でジェンダー・スウィチングをしている他の理由があれば、記述してください。
27	あなたは私たちの研究のホームページ（ブログ）をどうやってみつけましたか。
28	ジェンダー・スウィチングやこの調査に関して自由にご意見・ご感想を書いてください。

結果の概要
105人の回答者
　MMORPGの平均利用期間：39.9ヶ月
　利用しているMMORPGの平均数：5.8
　1ヶ月の平均利用時間　24.4時間

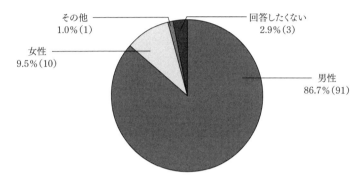

問1. あなたの性別は?

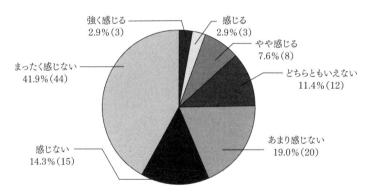

問6. 現実生活で女性あるいは男性として生きることに違和感やストレスがありますか。

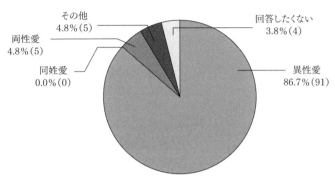

問7. あなたの性的指向は?

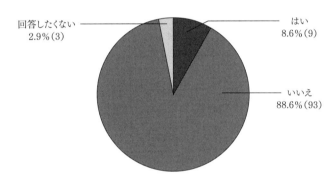

問9. 結婚していますか。

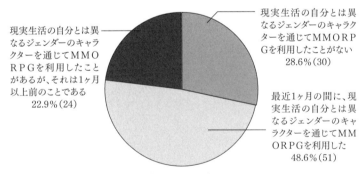

問10. 1から3の中から該当するものを選んでください。

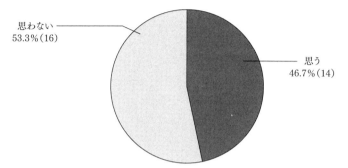

問12. ネット上で現実生活の自分とは異なる自分を経験できると思いますか。
「現実生活の自分とは異なるジェンダーのキャラクターを通じてMMORPGを利用したことがない」30人の回答

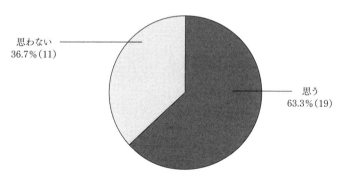

問14. b.上記aのようなネットの中での経験が、現実生活の自分に影響を及ぼしうると思いますか。

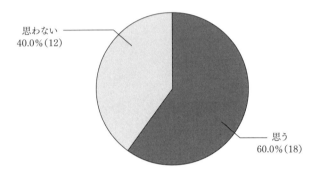

問16. c.上記aのような経験が、結果的に、現実生活を変えていくことにつながると思いますか。

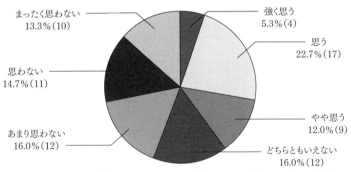

問20. ネット上では、現実生活の女性あるいは男性としての経験とは異なる経験ができる。
「②最近1ヶ月の間に、現実生活の自分とは異なるジェンダーのキャラクターを通じてＭＭＯＲＰＧを利用した」「③現実生活の自分とは異なるジェンダーのキャラクターを通じてＭＭＯＲＰＧを利用したことがあるが、それは1ヶ月以上前のことである」75人の回答

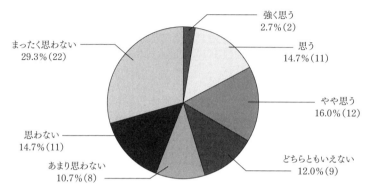

問22. 先のようなネットの中での経験が、現実生活の自分に影響を及ぼしうると思いますか。

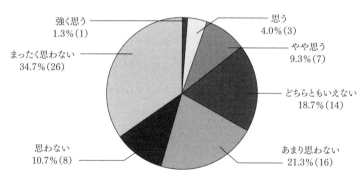

問24. ジェンダー・スウィッチングは結果的に、現実生活を変えていくことにつながると思いますか。

自己の多元化についての考察

現実生活の自分とは異なるジェンダーのキャラクターを通じてMMORPGを利用したこと	ネット上で現実生活の自分とは異なる自分を経験できると思うか	ネットの中の経験が現実の自分に影響を及ぼしうると思うか	ネットの中の経験が結果的に現実生活を変えていくことにつながると思うか	該当者数	合計
なし	思う	思う	思う	10	30
			思わない	1	
		思わない	思う	2	
			思わない	1	
	思わない	思う	思う	6	
			思わない	2	
		思わない	思う	―	
			思わない	8	

＊「a．ネット上で現実生活の自分とは異なる自分を経験できると思いますか」「b. 上記aのようなネットの中での経験が、現実生活の自分に影響を及ぼしうると思いますか」「c. 上記aのような経験が、結果的に、現実生活を変えていくことにつながると思いますか」という問いに関して、いずれも「思う」と答えた人は10人であり、そのすべてが、性自認が「男性」の回答者であった。

① 「a．ネット上で現実生活の自分とは異なる自分を経験できると思いますか」という問いの自由回答欄
- 「いろいろな性格をだせるから面白い。たとえばMMORPGに限らずMORPGやFPSではキャラ制作や名前の変更が自由なものが多いからいろいろな発言や〔回答中では「な」となっていたが、文脈から考え「や」に修正〕行動をとることができる」
- 「日常では難しい討論も、真剣にしてくれる人がいるから」
- 「見た目とかで、さべつされないから」

② 「b. 上記aのようなネットの中での経験が、現実生活の自分に影響を及ぼしうると思いますか」という問いの自由回答欄
- 「ネットでしか手に入らない裏情報とかを得たときとか、影響を及ぼすと思う」
- 「他人の発言などに影響を多々受ける」
- 「ネットの中で言われた事や言った事が、少なからず現実の自分の教訓としてるから」
- 「表情とかが見られないから、同情かもしれないけど、励まされたときとか、嬉しいときがある」
- 「ネット上では各人の本音が出やすい傾向にある（特に匿名・仮名での行動が許されている場所）ので、他人の意見をダイレクトに得ることは多少なりとも現実での参考になると思う」

③ 「c. 上記aのような経験が、結果的に、現実生活を変えていくことにつながると思いますか」という問いの自由回答欄
- 「自分の思考も変わってくる」

ジェンダー・スイッチングに関する考察

現実生活の自分とは異なるジェンダーのキャラクターを通じてMMORPGを利用したこと	ネット上では、現実生活の女性あるいは男性としての経験とは異なる経験ができると思うか	先のようなネットの中での経験が、現実生活の自分に影響を及ぼしうると思うか	ジェンダー・スウィチングは結果的に、現実生活を変えていくことにつながると思うか	該当者数	合計
あり	やや思う 思う 強く思う	やや思う 思う 強く思う	やや思う 思う 強く思う	<u>9</u>	75
	やや思う 思う 強く思う	やや思う 思う 強く思う	あまり思わない 思わない まったく思わない	4	
	やや思う 思う 強く思う	あまり思わない 思わない まったく思わない	やや思う 思う 強く思う	―	
	やや思う 思う 強く思う	あまり思わない 思わない まったく思わない	あまり思わない 思わない まったく思わない	9	
	あまり思わない 思わない まったく思わない	やや思う 思う 強く思う	やや思う 思う 強く思う	1	
	あまり思わない 思わない まったく思わない	やや思う 思う 強く思う	あまり思わない 思わない まったく思わない	4	
	あまり思わない 思わない まったく思わない	あまり思わない 思わない まったく思わない	やや思う 思う 強く思う	―	
	あまり思わない 思わない まったく思わない	あまり思わない 思わない まったく思わない	あまり思わない 思わない まったく思わない	25	
	この3つの中で「どちらともいえない」を1つでも含む回答			23	

＊こうした回答をした人は全部で9人であるが、そのうち性自認が男性の人が7人、性自認が女性の人が2人であった。
【性自認が男性の該当回答者】
① 「ネット上では、現実生活の女性あるいは男性としての経験とは異なる経験ができる〔と思いますか〕」という問いの自由回答欄
　・「単純に対する人の反応が異なる」
　・「チャットなど話をしていて完全に女性と思われていて、男性から誘われたり、貢がれたりなど、通常女性でしかあじわえない事なども体験出来る」
② 「先のようなネットの中での経験が、現実生活の自分に影響を及ぼしうると思いますか」および「ジェンダー・スウィチングは結果的に、現実生活を変えていくことにつながると思いますか」の自由回答欄
　・「女性的な考え方ができるようになりました」（正確には、後者の問いに関しては「前述の通り」と記述されている）
【性自認が女性の該当回答者】
①「ネット上では、現実生活の女性あるいは男性としての経験とは異なる経験ができる〔と思いますか〕」という問いの自由回答欄
　・「自分の嘘を表現できる」
②「ジェンダー・スウィチングは結果的に、現実生活を変えていくことにつながると思いますか」という問いの自由回答欄
　・「現実には体験することができない、男の立場を実体験することが出来る。結果、視野が広がる」
　・「現実とは違う自分を演じることで、違う自分を発見できると思う」

＊実際のアンケート調査画面

＊ブログ設置

第2章 MMORPGにおけるジェンダー・スイッチングに関する一考察　71

＊アンケート調査への協力を求める書き込みした掲示板一覧

MMO 総合研究所掲示板
  http://www.mmoinfo.net/bbs/cbbs.cgi
4Gamer.net 掲示板
  http://www.4gamer.net/bbs/viewforum.php?f=5
GAMELEON 掲示板
  http://darkarena.gameleon.jp/
Everquest II 掲示板
  http://eqiiforums.station.sony.com/eq2/board?board.id=jngd
無料オンラインゲーム　マビノギ
  http://www.mabinogi.jp/
UCGO コミュニティ掲示板
  http://uc.shaft-e.com/bbs4/wforum.cgi
ヤフーゲーム掲示板
  http://messages.yahoo.co.jp/bbs?.mm=GA&action=m&board=1834930&tid=a1fea3fa3f9a5a4ad30overa1fea4na4dba4dba4sbba8cla5ha5t&sid=1834930&mid=1&type=date&first=1
SURPARA 掲示板
  http://bbs.surpara.com/thread.php/8
  http://messages.yahoo.co.jp/bbs?action=t&board=1835604&sid=1835604&type=r
フリーゲーム ライブラリ掲示板
  http://www.freem.ne.jp/cgi-bin/bbs/free/osiete.cgi

第3章
コンピュータを介したコミュニケーションの倫理学的検討

はじめに

　第1章では、ヴァーチャル・ワールドにおけるジェンダー・スイッチングのような試みが、「他者」になることで「自己」を相対化し、また「他者」の視点をもたらすことによって、相互に尊重し合う基盤をつくりだす可能性があると論じた。こうした可能性については、役割演技療法の創始者J・L・モレノによって早くから指摘されていることも先に述べたとおりである。
　遠藤薫によれば、モレノの提案する心理劇は役割交換を一つの柱とする。役割交換とは、世界について新たな枠組みを設定することである。しかも、モレノの流れを汲む心理劇は、集団プロセスが核となっている。その劇では、役割交換の幾重もの相互作用を通じて、古い枠組みが破壊され新しい枠組みが創出される。そこで創出された新しい枠組みは"集団的経験"として生じるため、その後も続く確固としたリアリティの基盤を確保しうると、モレノは主張する。
　筆者は、このようなモレノの主張を参考にして、ヴァーチャル・ワールドの虚構的なパフォーマンスに、既成の関係性を超えでる倫理的枠組み形成の萌芽を見ることができるのではないかと考えた。ところで、そうしたモレノの主張に基づくならば、心

理劇における役割交換にせよ、ヴァーチャルなコミュニケーションにおける虚構的なパフォーマンスにせよ、新たな枠組みに向かうに際しては、〈集団的体験〉として立ち現れる〈内的真実〉の交流の創出が重要な意味をもっていることは明らかだろう。本章では、コンピュータを介したコミュニケーションでは、そうした〈集団的経験〉としての〈内的真実〉の交流がどのようにして可能となりうるのかをさらに立ち入って考察してみたい。

そこで、本章ではまず、テキストベースのコミュニケーションで〈共感〉が生じる可能性について考察した論考を取り上げる。続いて、グラフィックが大きな役割を果たすようになったゲームを対象に、社会的な相互作用について考察した論考を取り上げる。そして最後に、これまで社会的に〈抑圧〉され〈排除〉されてきた人たちにとって、コンピュータを介したコミュニケーションがもつ積極的な意味合いとはどのようなものなのかを明らかにしたい。

1 テキストをベースとした
  コミュニケーションがうむ共感

さて、テキストをベースにしたコミュニケーションにおける共感について考察した論考として取り上げたいのは、エマ・ルックスビー（Emma Rooksby）の論文、"Empathy in Computer-mediated Communication[3]"である。この論考は共感に関する現象学的な考察を基に議論を組み立てており、そのアプローチは、哲学の一分野である倫理学的な立場からコンピュータを介したコミュニケーション、すなわち、CMCを考察するにあたって、大いに示唆を与えてくれる（以下、ルックスビーの論考での「コンピュータを介したコミュニケーション」はすべてCMCと略記する）。

本節では、まず、ルックスビーの共感に関する現象学的説明、

および、その考察に基づいた共感の限界と言語の役割についての議論を取り上げる。そして、ルックスビーが、テキストをベースにした CMC における言語と共感についてどのように考えているかを明らかにする。さらには、現在の日本のコンピュータを介したコミュニケーションの文脈のなかで、そのようなルックスビーの議論がどのような意味をもつかについて、若干の考察を試みる。

共感の現象学的説明

　ルックスビーは、テキストをベースとした CMC での共感は、直接に顔を合わせる社会的な関わりの際の共感とは異なる性質をもつと考え次のように言う[(4)]。テキストをベースとする CMC のなかで維持される関係では、身体を通じた行動や経験の表現はすべて取り除かれており、テキストによる行為だけが経験を伝える。ここでの共感についての最も重要な問いは、電子メール、ディスカッション・グループ、チャット・グループなどの主としてテキストによる関係のなかで、共感がどのように、また、どういう形で形成されうるのかに関するものである。そして、この問いに答えるために試みられるのが現象学的説明である。

　なお、ルックスビーの「現象学的説明」によれば、「身体の経験は、それ自身本来状況に置かれているものであり、それゆえ、経験と内省を通じて現象について認識的に把握することは可能だが、この把握は常に移り行く試み」である[(5)]。

　ルックスビーによれば、現象学的に考えるならば、共感とは、他者の経験を自分自身のものとして経験することである[(6)]。例えばルックスビーは、ある友人が予期せぬ失敗をしたと語った例を挙げる。私は、自分自身の外的な、あるいは、身体的な悲惨さを認識することなく、彼女の悲惨さを認識できるようになる。私は文字どおりに、私自身の悲惨さを具体的な現象として経験したわけではない。それは、私自身の悲惨さと同じように私のなかに身体

第 3 章　コンピュータを介したコミュニケーションの倫理学的検討　　75

的に現前したわけではなく、別の自己の悲惨さとして私が得たものである。その経験は、悲惨さの表現としてではなく、端的にその人の悲惨さとして経験されたのである。この共感という行為において、私の友人の内なる経験は、どういうわけか私自身の前に現前するのである。

　ルックスビーは、私が他人の経験を知ることと世界のなかで対象を知ることの間に類似点があるとして、次のような議論を展開する。私は、対象を、それを動かしたりその周りを回ったりすることで徐々に多くの違った角度から眺めることができる。私のほうを向いていない事物の側面は、非－原初的な不在においてのみ同時に見たり経験したりすることができるにもかかわらず、対象の様々な側面は、私に原初的な、あるいは、実際に現前する経験として与えられる。同様に、私は友人の悲惨さを多くの異なった角度から考えることができ、そして、その友人の表現に満ちた顔そのものを、対象と同様に直接的に私にとって現前するものとして考えることができる。しかし、ここでアナロジーは終わる。友人の悲惨さが自分自身の経験として与えられるような角度というものは存在しない。そのため、他者の経験を共感的に経験することは、他者と唯一の分離できない全体として経験を分け合うということではなく、その経験を他の仕方で構成することを意味する。友人に対しては痛みが直接的に経験として与えられるのに対して、その痛みを二次的に共有することになるのである。

　さらにルックスビーは、共感的経験は、原初的経験と非－原初的経験という現象学的な区別を参照することで説明することもできるとして、次のように論じる。非－原初的な経験の主要な役割は、それを他者の経験を理解する際の想像力の大切さを指し示すために用いることができることにある。原初的な経験の諸タイプは、相互に、また、非－原初的な経験によって影響を受けないわけではないが、完全に自分自身のものであり完全に現在において

自己に与えられるものである。また、原初性は、現象の知覚がカテゴリー的に誤りから逃れられていることを意味しているわけではない。すなわち、現在の経験が次に続く経験によって変更されたり、訂正されたりすることは十分にありうることなのである。一方、経験にはまた、与えられ現前するものではなく、思い起こしたり予感したり空想したり共感したりすることによるものもある。非－原初的な経験というのは感情・ムード・感覚であり、身体的な現前として経験されるものではない。それは、イメージ、あるいは、感情や感覚の心的表象として与えられる信念である。例えば、想起は非－原初的な内容をもっているものの、想起という経験は他の経験と同様に原初的なものである。思い起こされる経験は過去のなかにありもはや原初的なものそのものではないが、楽しい時間の追体験は原初的な経験たりうるのである。この意味で、予感や空想は、共感と同様に、原初的であるとともに非－原初的な要素をもっており、二重性をもつ。どの種類のものであっても、非－原初的な経験は、現前していない経験を考えるなかに起こる、その人にとっての現前なのである。

　かくして、ルックスビーは次のように論じるに至る。(9)共感は、記憶や予感や空想と同様に非－原初的な経験だが、それは原初的経験を再現するものである。共感は、記憶や予感や空想などの他の非－原初的な経験と同様に、表象を含むものであり、そのため、現前する経験として原初的である。しかしながら、共感は、自分自身の他の経験からではなく他者の経験から引き出した非－原初的な内容をもつ。共感を経験の特異な種類たらしめているのは、自分自身の経験ではなく、他者の経験に注意が向けられそれによって導かれている点にある。共感においては、私にとっての他者の経験の出現が、他者の経験を自分自身のものとして表象する傾向性と可能性を通じて、私によって追いかけられる。これは、絶対的な知識ではなく、内省を通じた条件つきの経験状況である。

私は、自分が共感しようとしている人の経験を理解するために、自分自身の悲惨さや愛や痛みを引き合いに出す。他者の悲惨さや愛や痛みに共感することは、私が直観的に他者の経験を表象することを要求するが、そのことは私のやり方で自由に表象することを許すものではない。共感が私の自己と他者の自己に対する二重の説明責任をもつものであることは、共感という想像上の表象にとって特異な点である。

以上の考察から、ルックスビーは次のような結論を導き出す。[10]共感された経験は、必ずしも単純に手に入れられるものではなく、しばしば解釈や検討を必要とするものであり、関連の他者との対話を通じて深められるものである。他者の経験にアクセスすることはできないため、他者の経験の把握が十分であることを確かめるには協調的な姿勢、つまり誠実さをもって関わり対話的に携わらなければならないのである。

共感の限界と言語の役割

ルックスビーは前節のような考察を踏まえながら、共感を深め方向づける試みにおける言語の役割へと目を向けることになるのだが、まず、共感がもつ限界について論じる。

ルックスビーは、共感は、我々の経験の仕方や他者を解釈する仕方のうちにある文化的な相違によって限界づけられているとして、次のように論じる。[11]身体上の相違が増すにつれ、共感は妨げられるようになり、それに打ち勝つにはより大きな注意を払う必要が出てくる。同様に、人々の考え方の違いのなかにある文化的な相違は、他者がどういう観点に立ってその経験をしたのかを理解する我々の能力、あるいは、その人が自身の経験についてどう考えるかを理解する我々の能力にとっての妨げとなる傾向をもつのである。そのため、その人の言葉を聞くことはその人の気持ちの理解を保証しないが、その人の顔を見ることはその人の気持ち

を理解することを保証する、というのは根拠がない考えである。ときとして、表情を読むのには解釈が求められ、他者の言葉を聞いて理解することのほうが直感的に明確さをもつことがある。個人が言葉や表情や身体的な現象すべてを通じて理解されたとしても、どれについても誤りが発生するリスクがある。他者の経験を非－原初的に経験することには想像的、あるいは、解釈的な活動をともなうために、それは避けがたいリスクなのである。また、もし想像力をはたらかせえたとしても、共感は問題になっている経験が置かれたより広い歴史的・倫理的状況についての手がかりを、共感しようとする人に与えてくれるわけではないのである。

　さらにルックスビーは、共感する人ばかりでなく、関係者の双方が共感のために協力し前向きであることが必要とされることから生じる限界について、次のように論じている。[12]共感という行為は、他者が隠したり偽って記述したりすることなく、進んでその経験を共有しようとしているかどうかにかかっている。この点において失敗の可能性があることを考えるならば、倫理的に価値があるコミュニケーションには、他者の経験に共感する心のこもった試みばかりでなく、他者からの共感を可能にするための相互の試みが要求されるのである。

　こうした共感の限界に関する考察から、ルックスビーは、言語が共感を倫理的に価値がある経験にすることにどの程度関わっているかについて、次のような議論を展開する。[13]他者の経験への共感は、しばしば言葉によって十分に説明されうる他者が置かれた環境を認識することで、情報が十分に与えられたものとなる。感覚と同じくムードや感情や意志などにどのように共感しうるかを知るために我々は、言葉による表現を通じた経験の共有を、内省と同様に、本質的に人間的活動の一部と考える必要がある。対象が直接的に認識されるものではなかったり現前するものではなかったりする場合には、経験の対象を特定する際に言語が主要な役

割を果たすので、こうしたことが特に重要になるのである。

　かくして、ルックスビーは、CMCのテキストでも、言語的な表現は経験のどんな側面が重要で、さらに深く議論するに値するのかを指し示す役割を果たすという考えを提示するに至る。続いて、テキストをベースにしたCMCにおける言語の役割についてのルックスビーの議論を見ていこう。

テキストをベースにしたCMCにおける言語と共感

　ルックスビーは、言語的な表現について次のように論じることから議論を始める。多くの場合、他者の精神状態をうみだしているものは、しばしば、その人の性格やその人自身についての把握を決定づけるのだが、言語的な表現は、それらのものを知るために必要不可欠である。また、ある人の精神状態をうみだしているものを特定できるとしても、言語的な表現がその理解を深めることができる場合もある。そのため、共感を通じて他者の状態を知ることは、その他者の感情的な状態以上に他者について理解することを要求するとともに、その他者に起こっていることの言語的な意味を共有することを求めるのである。

　また、ルックスビーは、他者の経験の多くが、出来事が起きた際あるいはその後に、身体的な形式ではなく、その他者によって語られ文字化された表象的な想起を通じて手に入れられることが共感という行為を複雑なものとしているとして、次のように論じる。言語的な表現において、我々の経験は、間主観的な形式化を与えられうるし、そうでなければ関連性が明らかにならないであろう他の出来事や経験と関連させることが可能となる。これらの経験それ自体は、感覚的であるか、あるいは、非言語的・感覚的で想像された表象を含んでもおり、厳密に言えば言語的なものそのものではないが、身体化された精神－物理的な諸々の自己を言語によって浸透された形で経験することである。こうして言語は、

ある表情にただ一つのものとしては理解しえない経験の諸側面を概念的に明確にするという役割、および、感情的で情緒的である心理的な経験と同様に、他者の行為や意図へのより深い洞察を可能にするものと言えるのである。

しかしながら、一方でルックスビーは、テキストベースのCMCのリスクについて次のような議論を展開する。(17)他者自身の身体的に形式化されたパフォーマンスの領域ではなく、テキスト的な表現から引き出されたものであるがゆえに、テキストベースのCMCのように、テキストをベースにしたメディアにおける共感は部分的で危険がともなう。テキストベースのCMCでは、我々は他者の感覚的な経験を共有する可能性をもってはいないため、その共感は部分的なものになる。また、その共感は、ただ他者の経験や振る舞いへのテキスト的な表現へのアクセスによって自身の過去の経験を想像上表象することを通して、他者の経験を現実的なものとして構成することを要求するがゆえに、危険性をもつ。同様に、テキストベースのCMCの書き手は、もし読み手からの共感を注意深く引き出そうとするのでなければ、自分自身の経験が見えないままとなり、自身が誤解されたままになるリスクをおかすことになる。その結果、CMCの書き手もまた、読み手から共感を得たり引き出したりするように書き込むためには、多くの課題を背負うことになる。共感が倫理的に営まれているコミュニケーションの不可欠な部分であるとすれば、CMCの書き手には共感を引き出す方法に携わる倫理的な責任がいくらかあるのである。

ルックスビーは、こうした考察を受けて、テキストベースのCMCにおける共感がもつ問題点を乗り越える方法について検討していくことになる。(18)ルックスビーはまず、共感の失敗がCMCのテキストスタイルの誤読から起こるのであれば、そのような失敗を避けることを可能にする方法は、読み手がよく起こる解釈の

誤りと混同に自覚的になることである、と論じる。すなわち、CMCの一時性や純粋にテキストによるコミュニケーションがもつ性質について自覚することは、解釈上の疑わしさを和らげたり、読み手が誤りを避けるのを助けるように方向づけると考えられるのである。

　また、ルックスビーは、CMCのユーザーがコミュニケーションに倫理的に関わるための実践の一部として、書き手が共感を引き出したり、共感が可能になるようにする責任を引き受けたりすることを挙げ、特に、今日おこなわれるようになっている方法について次のように述べる。[19]

　今日、たいていのCMCのチャット・グループや多くの電子メール、ディスカッション・グループのやりとりは、会話的なものになっている。これらのパターンは、テキストをベースにしたCMCでは、意識的にではなく用いられている。口語表現の利用は、映画やテレビなどの口語的な言語に影響されたインフォーマルな文化的な状況のなかで起こるものである。一方、より考えられた話し言葉というパターンの利用もある。そして、他者の経験への共感は、親密さ、あるいは、インフォーマルな関係を示す意図的で明白な自己パフォーマンスやポジショニングに常に依存するものではないが、一般的にはCMCにおけるフォーマルさのレベルは、書き手の意図された読み手への親密さのレベルを示すものなのである。

　ルックスビーによれば、テキストベースのCMCは、少なくともその形式があるものについては、よりゆっくりとした書簡のやりとりよりも利点をもつ。[20]書き手は、手紙のような時間的なギャップを克服する必要はなく、会話のペースで書くことができる。擬似的な対話は一体感を示す一つの方法であり、その後のやりとりの基になる共通の背景をうみだすものなのである。

　さらにルックスビーは、擬似−虚構的なパフォーマンスについ

て次のようにも論じる。疑似−虚構的なパフォーマンスは、しばしば完全に独立したヴァーチャル・ワールドにおいてパフォーマティブに創出された"自己"として扱われ、意図的に採用されたり捨て去られたりした"ペルソナ"のパフォーマンスがどのように持続的な自己に影響を与えるのかについての問いは先送りにされている。そうではなく、そうしたパフォーマンスが、ある種のタイプのインタラクションを引き起こすための自己の拡張として扱われるのであれば生産的である。CMCにおける自己パフォーマンスは、他者が描かれる仮想の対話へと広がりうる。そのような仮想の対話は、しばしばある通信者から熱心な応答を引き出すための形式なのである。

ルックスビーの議論と日本の状況

　以上のようなルックスビーの議論は、テキストをベースにしたCMCについて論じられたものである。この議論は、現在の日本のコンピュータを介したコミュニケーションでは、どのような意味をもつのだろうか。現在の日本のコンピュータを介したコミュニケーションにおいては、確かにヴィジュアル的なものが果たす役割が大きくなりつつあるかもしれない。だが、掲示板やディスカッション・グループ内での議論は依然として存在しており、テキストをベースとするコミュニケーションが消えてしまったわけではない。インターネット上のロールプレイング・ゲームであるＭＭＯＲＰＧでも、チャットによるテキストをベースにしたコミュニケーションはおこなわれ続けている。また、近年では、〈twitter〉〈携帯小説〉という形で、以前より多くの人が気軽に情報通信技術を利用してテキストをベースにしたコミュニケーションをおこなうようになっているとも言える。その意味では、ルックスビーの議論は、現在の日本のコンピュータを介したコミュニケーションに対しても重要な示唆を与えるものと位置づけられる

第3章　コンピュータを介したコミュニケーションの倫理学的検討　　83

だろう。

2 ビデオゲームにおける
シミュレーションと同一化の考察

　前節の最後に少し触れたように、近年では、リアリスティックな映像をもつロールプレイング・ゲームなどを通じたコミュニケーションが大きな割合を占めるようになってきている。その意味では、テキストをベースとしたコミュニケーションばかりでなく、リアリスティックな映像をもつビデオゲームを通じたコミュニケーションがどのような意味をもつのかについても考える必要があるだろう。本節ではまず、マーク・J・P・ウルフ（Mark J. P. Wolf）の論文、"From Simulation to Emulation: Ethics, Worldviews, and Video Games"[23]で示されたゲームの倫理的な含意、特にポジティブに評価されうる意味合いについて目を向けてみたい。そして、ウルフの議論と現在の日本の状況について若干の考察を加える。

ビデオゲームの社会的要素

　ウルフは、ゲームをするにはそれらの行動が必要とされるという単純な理由から、ビデオゲームはある種の行動と因果的に結び付けられるとして次のように論じる[24]。プレイヤーは、あるゲームをマスターするためには、ある種の仕方で行為し、ある種の仕方で考えることを学ばなければならない。プレイヤーは行為をおこなうのであり、単に誰か他の人がそれらの行為をおこなうのを見るのではない。そして、長い時間を費やして技術と行動が学ばれる。プレイヤーの行為性は、ビデオゲームが影響を行使する一つの方法なのである。

　また、ウルフは、ビデオゲームのグラフィックの解析度と迫真

性が増すにつれ、プレイヤーの経験はリアルなものになったとして、次のように論じる。主として概念的だったグラフィックは、より知覚的になり、そして表象されようとしている事物に似たものになった。ビデオゲームでは、その解析度にかかわらずグラフィックは考えを伝える手段だが、グラフィックがフォトリアリズムを増すにつれて、それらの考えは視覚的な表象のなかでより具体的なものになり、他のメディアのなかでうみだされるイメージに近いものとなる。そして、それらを通して、現実の世界の知識が得られ、社会的相互作用がおこなわれる。多くのマルチ・プレイヤー・ビデオゲーム、特にオンラインのロールプレイング・ゲームでは、プレイヤー間の社会的相互作用はゲームの重要な要素になっているのである。

　こうした分析から、ウルフは、特にビデオゲームの社会的要素について考察を加える。ウルフが注目するのは、次のような特徴をもつ『ウルティマ・オンライン』『アシュロンズ・コール』『エヴァー・クエスト』などのロールプレイング・ゲームである。これらのゲームはどれも、そのオンラインの世界で数十万人のプレイヤーをもっており、プレイヤーたちはゲームの世界で直接的に会うことなく、出会い、会話をし、同盟や同業組合をつくりあげることができる。プレイヤーのキャラクターたちは、現実の人々によってコントロールされているため、そこで起こる社会的な相互作用は現実のものである。そして、たいていのロールプレイング・ゲームにおいて、キャラクターを育てるために時間・努力・感情的な投資をしているために、これらのゲームでプレイヤーのキャラクターたちは、スクリーン上の単なる代理ではなくプレイヤーのもう一つの自己になりうるのである。

　このような考察から、ウルフは、ビデオゲームのプレイヤーは、行為や反応によって起こるスクリーン上の出来事を引き起こしており、そのため、模倣から同一化への変化がある、と論じる。そ

して、この変化によってビデオゲームが影響を行使しうる三つの領域、すなわち、ゲームによって促進され刺激されるプレイヤーの反応や行動、倫理的な世界観、ある種の思考方法を確認することができる、と結論づけるのである(28)。続いては、これらの領域でビデオゲームがどのような積極的な効果をもちうるかについてのウルフの考察に目を向けてみよう。

シミュレーションから同一化へ

　まず、ウルフは、反応や行動について次のように論じる(29)。ビデオゲームに関する心理学的な研究の多くが、ビデオゲームと暴力や攻撃性との関連に焦点を置いている。しかし、ビデオゲームにおける技術や反応は、常に暴力的・攻撃的な行動を含んでいるわけではない。暴力的で攻撃的なゲームがプレイヤーの行動に影響を与えうるとしても、ゲームを積極的な意義をもち有用な技術を促進するようにデザインすることは可能である。問題解決や資源管理などの心理的技術、あるいは、物理的技術を教える子どもたちのための教育的なゲームや大人のためのそうしたゲームの存在は、多くがビデオゲームを通じて学びうることを示唆しているのである。

　また、ウルフは、倫理的な世界観については次のような議論を展開する(30)。たいていのビデオゲーム経験がもつ可鍛性や繰り返し可能性が、シミュレーションされた世界やシミュレーションによるポジティブな効果のいくつかをだめにしているかもしれない。ゲームがリスタートできたり、プレイヤーが複数の"人生"をもつことができたりするとき、何事にも終わりはなく、不可逆なものもない。そのため、不注意な行為がゲームを終わらせても、ゲームを超えて続くような効果はないかもしれないのである。しかしながら、オンラインのロールプレイング・ゲームは、ゲームセンターやホームビデオとは非常に異なっており、いくつかの点で

よりリアル・ライフに近いスクリーン上の世界を含んでいる。『ウルティマ・オンライン』や『アシュロンズ・コール』のようなゲームの世界は、永続的である。プレイは、プレイヤーがログインをしていようといまいと、１日24時間続いている。そのゲームはリスタートできず、プレイヤーはゲームにおいて多くの時間とお金を投資する。その結果、プレイヤーのキャラクターが死ぬまで戦うのはよりリスクが高い行為となる。プレイヤーが時間とお金を投資し、関係性と社会構造が構築されているヴァーチャル・ワールドの場合には、ゲームのプレイにおいてより多くのものが賭けられているのである。そして、ゲームにともなう結果がリアル・ライフのなかに広がってくるにつれて、倫理は一層重要性を増してくる。

　さらにウルフは、より捉えにくいものかもしれないとしながら、プレイヤーの当初の前提や世界についての考え方などに対する潜在的な効果に関して、次のように論じている。(31)それぞれのゲームはそれ自身の世界分析のモデルを表しており、それらはすべてゲームの外のプレイヤーの思考方法に影響を与える可能性をもつ。ゲームのなかで対象は、プレイヤーが利用し獲得し消費するために存在する。そのようなゲームから受ける影響の一つとしては、自己中心的で功利主義的なものの見方を身につけるということがありうる。しかしながら、ポジティブな影響も可能である。例えば、アドベンチャー・ゲームの目的を達成しようとすることは、目標に向けた行為と、しばしば、ひたむきな追求を要求する。そして、たとえ謎と曖昧さに満ちていたとしても、たいていのアドベンチャー・ゲームは比較的明確で、リアル・ライフで出会う問題や目標よりも比較的単純である。ビデオゲームは、ほんのしばらくの間プレイヤーからリアル・ライフの複雑な問題を取り除き、解決可能で単純化された衝突や数時間で解決でき既に解決が存在している目標を提供する。この場合、ビデオゲームは、問題解決

の技術や観察力や忍耐などを高めることでポジティブな影響をもちうるのである。

ウルフの議論と日本の状況

　前述のようなウルフの議論は、解析度が高いグラフィックをもつゲーム世界を共有する日本のMMORPGの利用者たちの経験にも当てはまるものだろう。その意味で、ウルフの議論にあるような、リアルなグラフィックをもつゲームが抱える危険性は、現在の日本のコンピュータを介したコミュニケーションに関しても当てはまることは確かである。しかしながら、そのことは同時に、ウルフの提示する積極的な影響の可能性を、そのコミュニケーションのなかに見いだしうることを示唆すると考えられるであろう。

　筆者は、第1章・第2章で、オンライン・ロールプレイング・ゲームでのジェンダー・スイッチングの経験がもつ可能性について考察を試みた。その考察では、シェリー・タークルの研究に基づいて、テキストをベースにしたインターネット上のコミュニケーションにおいては、ジェンダー・スイッチングの経験が男女間の既存の秩序の問い直しを可能にしうることを確認した。それとともに、筆者自身の調査を通じて、解析度が高いグラフィックをもつゲームであるMMORPGのなかでのジェンダー・スイッチングの経験がそうした可能性をもつことも示したのである。

　この知見について理論的な考察を進めることが次章以降の主題になるが、そうした考察に入るにあたって、コンピュータを介したコミュニケーションが、健常者／障害者という既存の非対称的な関係性の問い直しを可能にしうることを指摘した議論を取り上げて本章を締めくくりたい。

おわりに
―― コンピュータを介した環境が切り開く倫理的可能性

　最後に取り上げたいのは、より総合的なコンピュータを介した環境（computer-mediated environments）、すなわち、CMEs の文脈で、その積極的な意味合いを論じているポール・J・フォード（Paul J. Ford）の論文、"Virtually Impacted: Designers, Spheres of Meaning, and Virtual Communities"の議論である（以下、フォードの論考における「コンピュータを介した環境」はすべて CMEs と略記する）。

　フォードによれば、CMEs は、社会的な相互作用のプロセスを民主的なものとし、周辺化された人たちがアクセス可能な社会的領域をつくりだすとともに、ネガティブなステレオタイプのイメージを減じてより多様な考えを表明する可能性を切り開く、という積極的な意味合いをもちうる。

　フォードは第一に、身体的条件にともなう社会的偏見を取り除くという含意を取り上げて、次のように論じる。CMEs の特徴は、ユーザーが、有機体的な身体と結び付いた日常の身体的表象とは無関係な仕方で、自分自身をグラフィック的に現前させることができる点にある。車椅子を利用している人たちにとって最も利点になるのは、それにより車椅子を使わなければならないという認識が取り除かれ、そのため有害となりうる多くの社会的な前提や反応を避けうるという点である。身体に麻痺をもった人たちは、自動的な先入見を避けて他の社会的な状況では与えられないであろうオンライン上の役割を引き受けることができる。オンラインの性質は、判断を、うまれつきの有機体上の偶然から行為の歴史において示されたパフォーマンスへと移すのである。

　また、フォードは、障害をもつという経験を可能にするという

第3章　コンピュータを介したコミュニケーションの倫理学的検討　　89

含意を挙げて、次のような議論を展開する。シミュレーションによっては障害をもった人たちの日常の経験におおよそ近づくことができるだけである。しかし、そのシミュレーションは、障害をもたない人たちが、現象学的には相当に遠くにある世界のなかで生きるとはどういうことなのかについて、わずかばかりだが理解する助けになる。おそらくこのような理解は、広く教育的な経験に統合されるならば、より一層寛容を培うと考えられるのである。

　さらにフォードは、日常とは異なる世界のあり方について示すことができるという含意について目を向け、次のように論じる。CMEsは多くの点で日常の世界とは異なるが、日常についての前提を変えうるような相違は、身体的な障害をもった人たちにとっては有利な点にもなりうる。その世界は、キー・ストロークによってつくりうるものであり、ある種の伝統的な偏見がない社会構造を提示するようにつくりうるものなのである。

　フォードは加えて、潜在的な自己に命を吹き込むという含意について次のように論じている。CMEsは、アスリートが物理的に、以前そうであったように走ることを可能にするわけではないが、ランナーとしての対話や言説に加わる可能性を切り開く。CMEsは、自己をよみがえらせる可能性を与えるのである。そればかりか、CMEsは潜在的な自己が立ち現れるのを可能にする。CMEsは、別の自己の経験を提供することで、潜在的な自己が立ち現れるのを可能にして、自己の経験をより豊かにするのである。

　フォードのこうした議論は、コミュニケーションをはじめとするコンピュータを介した環境と〈自己〉との関わりが、他者とのより豊かな関係性を切り開きうることを論じたものであり、コンピュータを介した環境がもつ倫理的意味合いの積極面に目を向けたものと言えるだろう。もちろん、コミュニケーションをはじめとするコンピュータを介した環境は、そうした積極的な意味合い

ばかりをもつわけではない。フォードはそのネガティブな意味合いについても論じている[39]。しかしながら、コンピュータがこれほどまでに浸透した現代社会では、たとえその利用が倫理的な問題性を含むものだったとしても、我々の生活からコンピュータをなくしてしまうことを考えることは現実的ではない。そうであるならば、前章でも述べたように、より積極的な意味合いについての言説を積み重ねていくほうがはるかに建設的な試みだろう。コンピュータを介した環境がもつ積極的な意味合いについての言説が、そうした環境がもつ倫理的可能性を現実化していくことを筆者は願ってやまない。

注
（1）J. L. Moreno, *op.cit.*
（2）前掲「旅人たちのヴァーチャル・コミュニティ」149―150ページ
（3）Emma Rooksby, "Empathy in Computer-Mediated Communication," in Mark J. P. Wolf ed., *Virtual Morality: Morals, Ethics, and New Media*, New York: Peter Lang, 2003, pp. 39-62.
（4）Ibid., p. 39.
（5）ルックスビーは、「現象学的説明」において、決して、事象の「本質」を取り出そうとする試みをおこなっているわけではない（Ibid., pp. 42-43）。筆者は、ルックスビーの考える意味において、「現象学的説明」は有効と考えている。
（6）Ibid., p. 43.
（7）Ibid., pp. 43-44.
（8）Ibid., pp. 44-45.
（9）Ibid., pp. 45-46.
（10）Ibid., p. 46.
（11）Ibid., p. 47.
（12）Ibid., p. 48.
（13）Ibid., p. 48.

(14) Ibid., p. 49.
(15) Ibid.
(16) Ibid.
(17) Ibid., pp. 52-53.
(18) Ibid., p. 54.
(19) Ibid., pp. 55-56.
(20) Ibid., p. 56.
(21) Ibid., p. 57.
(22) 第 2 章の注（ 7 ）を参照のこと。
(23) Mark J. P. Wolf, "From Simulation to Emulation: Ethics, Worldviews, and Video Games," in Wolf ed., *op. cit.*, pp. 63-77.
(24) Ibid., p. 64.
(25) Ibid., pp. 64-65.
(26) Ibid., pp. 65-66.
(27) Ibid., p. 66.
(28) Ibid.
(29) Ibid., pp. 67-68.
(30) Ibid., pp. 69-70.
(31) Ibid., pp. 71-73.
(32) Turkle, *op. cit.*
(33) Paul J. Ford, "Virtually Impacted: Designers, Spheres of Meaning, and Virtual Communities," in Wolf ed., *op. cit.*, pp. 79-93.
(34) Ibid., p. 90.
(35) Ibid., p. 81.
(36) Ibid., p. 82.
(37) Ibid., p. 83.
(38) Ibid., p. 84.
(39) 論文の構成上、ネガティブな意味合いについての議論は取り上げなかった。しかしながら、フォードは CMEs について、①意義あるコミュニティをうみだすようには利用されない、②日常生活に関連する価値の複雑さを欠いているので現実と同じ重みはない、③社会から疎外された人々を一般社会からより一層引き離す、

といった三つの批判があることについて触れている。ちなみに、フォードは三つの批判に反論して、①CMEsは小さいが価値ある意味の領域を提供しうる、②CMEでは利用者の相互作用は複雑であり、深さとは第一に人格間の相互作用からうまれるものである、③日常生活においては疎外された人に対する社会的バリアがあるとしても、CMEsでは外部の人との社会的相互作用の可能性は存在している、と論じている（Ford, op. cit., pp. 85-89）。

第2部
サイバー・カルチャーにおける
自己と身体をめぐる考察

第4章
情報社会における自己の多元化
―― その倫理的可能性を考える

はじめに

　1990年代後半のインターネットの急速な発展による〈高度情報化〉の進展は、多くの社会問題を発生させてきた。情報社会における〈倫理〉が問題になる際には、情報社会の発展にともなって発生してきたそうした社会問題、例えば、プライバシーの問題、有害コンテンツの問題、知的財産権の問題などへの取り組みが中心になっている。しかしながら、それらの個別問題への取り組みだけが、情報社会における〈倫理〉の考察ではないだろう。情報社会の進展によって、人間社会のあり方がどう変化しつつあり、その変化が人間の〈倫理的な営み〉にどのような影響を与えつつあるのかなどを分析することもまた、情報社会における倫理について考える際の重要なテーマになりうるのである。とりわけ、情報社会の進展のうちにどのような形で、既存の〈倫理〉の問い直し・再編の契機が立ち現れてきているのかを把握することは重要な課題と考えられる。というのも、既存の〈倫理〉に対する〈異議申し立て力〉の保持は、個々人の生をよりよきものへと向かわしめるために欠くことができないものと見ることができるからである。

　このような視点から、本章で目を向けるのは、情報社会におけ

る自己のあり方である。筆者はかつて、きわめて近代個人主義的な考え方、すなわち、個人のアイデンティティは強い一貫性を保ち、個々人が独立してアトム的に存在しているといった前提を、情報社会の文脈に即して批判的に検討した。本章は、まず、かつての論考を通じて得られた〈多元的な自己〉という認識をより明確化し、近代的な〈主観性〉のさらなる問い直しを試みる。そして、その〈自己〉が、既存の〈倫理〉を問い直し・再編していく原動力になりうることを示してみたい。

1　デネットの自己の分析とその検討

意識の「多元的草稿」モデルの導入

　本章で最初に注目するのは、認知哲学者ダニエル・C・デネット（Daniel C. Dennett）の議論である。デネットが、「自己の実態」を考察するに際して拠って立ったのは、意識の「多元的草稿」モデルである。多元的草稿モデルによれば、脳のマルチトラック・プロセスは物語の流れ・連続をうみだしているのだが、そうしたものは、脳のあちこちに分布した多くのプロセスによる絶え間ない編集作業にさらされて、漠然とながらそのまま未来に流れ込んでいくと考えられる。様々な内容がうまれ、修正され、他の内容についての解釈や行動の調整などをうみ、また、そうしたプロセスを通じて記憶のなかに痕跡を残していくが、やがてそれらの痕跡も崩れ去ったり、その後の内容に部分的に、あるいはまるごと組み込まれたり、重ね合わされたりしていく。多元的草稿の内容には、一時それなりの貢献をしたあと、何の結果も残さずにそのまま消えていくものもあれば、もともと何の貢献も果たさないものもあるが、なかには、内的状態やその後の行動のさらなる調整に多種多様な役割を果たし続けるものもあり、そのなか

のわずかなものが言語行動という形をとっておこなわれる封切りを通じて、自身の存在を知らしめることになる。

多元的草稿モデルによれば、切れ目のない明晰な"意識の流れ"はどこにも存在していないということになる(6)。また、そこには「物語の作者も、プロットも、語り手も、聴き手(7)」もないのである。

多元的草稿モデルでは、思考や心的活動はどのようなものも、脳のなかの、他の内容を解釈し行動を調整するマルチトラックが互いにもつれ合うプロセスによって遂行されている。多元的草稿モデルによれば、情報のいくつもの流れが互いに並行してうまれ、ときには交錯しながら、その一つの流れが言語的表象の世界の前面に躍り出て一定の情報内容として定着するが、その情報内容もまた、意識の前面に現れることなく綴られた幾筋もの物語の草稿と互いにもつれ合いながら筋書きやその作者もないままに展開して、やがては消滅するか、もしくはその後の内容に組み込まれていくことになるのである。

自己の実態

こうしたデネットの意識の多元的草稿モデルは、単に主観主義や客観主義の神話を否定するだけではなく、実体と見かけ、現象と本体という対立図式もろとも、そうした神話を根底で支えている実体論的思考そのものまでをも打ち砕いてしまおうとする試みであり、いわば「ヴァーチャル・リアリティー（仮想現実）の哲学(8)」である。デネットは、こうした「ヴァーチャル・リアリティー」の世界のなかでは、我々の自己は「境界と統一が、揺るぎないものであるどころか、（略）絶え間ない脅威と分裂にさらされたこのうえもなくはかないもの(9)」であることを、多重人格障害や断片人格障害(10)などの症例を用いて明らかにしていく。デネットは、自己が本当に存在するのかという問いに対して、"明らかに

イエスだ"と答えるのでない、また、"明らかにノーだ"と答えるのでもない中間的な立場をとっていると言っていい(11)。

デネットによれば、我々は、自分が何者であるかを他人や自分に向かって語る様々なストーリーをうまく調合したり調整したりする(12)。クモが自分の巣をどのように紡いだらいいのか意識して慎重に考えたりしなくてもいいように、また、ビーバーが自分の構造物について意識して慎重に計画したりすることがないように、我々も"専門"のストーリー・テラーとは違って、どんな物語をしたらいいのか、どのように語ったらいいのかについて、意識して慎重に割り出したりすることはない。我々のお話は紡ぎ出されるものだが、概して言えば、我々がお話を紡ぎ出すのではない。逆に、我々のお話のほうが我々を紡ぎ出すのである。我々の物語的自己性は、我々のお話の所産ではあっても、我々のお話の源泉ではないのである。一方、そうした物語の筋道は、"あたかも単一の源泉から流れ出すかのように"流れ出す。こうした流れが聴き手に与える効果は、彼らを促して、それらの流れがその個体の言葉であり、それらの流れがその個体をめぐる流れであるような、一つの統一的なエージェントの存在を措定させる点にある。かくして、デネットは、「自己」を「物語的重力の中心」と結論づけるのである。

デネットは、〈自己〉に準じるものや〈自己〉に類するものが存在することはない、という確信にくみすることはない(13)。言い換えれば、物語を紡ぎ出しつつある人の生きた「からだ」のために(14)、「物語的重力の中心」を措定してやることを否定しはしないのである。デネットによれば、「自己というのは、何か昔からある数学的な点といったものではなく、かえって生きたからだの来歴を構成する無限の属性や解釈（これには、自己−属性や自己−解釈も含まれる）によって定義されるような、一つの抽象」であり、また同時に、一つの抽象としての限りで、「生きたからだの来歴の

「物語的な重力の中心」にもなっている」が、自己はそのようなものとして、そうした生きたからだの進行中の認知経済のなかでかけがえのない役割を果たしているのである。[15]

　一方で、デネットは、多重人格障害と断片人格障害のデータに着目して、この「物語的重力の中心」としての自己を、一つの「からだ」に一つ存在するものと考える必要はないとする。[16]すなわち、多重人格障害では、一つの「からだ」が、いくつかの自己によって共有されている。多重人格障害と診断されているのは、すでに何千というケースに及んでおり、しかもそれらは、ほぼ例外なしに、長く続いた幼年時代の虐待に発するものばかりである。そういう虐待にあった子どもたちは、圧倒的な葛藤と苦痛に直面したときに、"自分の身に"起こらないよう新しい境界をつくりあげる。そうすれば、恐怖心は誰の身にも起こらないか、誰か他の人に起こるのか、のどちらかとなって、そうした恐怖心の猛襲に際しても、新しい境界の構造を維持することがそれだけ容易になる。また、断片人格障害では一つもしくはそれ以上の「からだ」が、たった一つの自己を共有する。断片人格障害では、2人は、互いに相手の話すセンテンスを受けて苦もなくこれを完成させたり、互いに相手の話すセンテンスをわずか1秒の何分の一といったズレを残すだけで同時に話したりするといった具合に、単一の発話行為を2人で協力しながらおこなっているのである。

　こうした症例に見られる「自己の実態」は突出したケースだが、デネットの考えでは、我々の自己もまた、そうした症例と遠くないあり方をしている。[17]すなわち、デレク・パーフィット（Derek Parfit）がたとえたように、自己とは、1年で消滅したのち、そのメンバーの何人かによって何年かのちに再建されることになる、クラブのような存在である。自己とは、我々をうみだす社会的プロセスの産物であるから、そうした社会的プロセスの他の産物と同様、身分の突然の転変にさらされている。自己やクラブを構成

する網の目状の信念が授ける安定性しかないため、そうした信念が崩れると、その安定性も崩れ去ることになるのである。

デネットの自己像とラクラウとムフの自己像

　デネットによれば、どのような「物語的重力の中心」が現れ、どの「物語的重力の中心」がいつ安定した位置を獲得するのかは、「生きたからだの来歴」が紡ぎ出していく複数の「物語」の展開自体に拠っている。こうした多元的草稿モデルに基づいて自己を考察したデネットは、自己にまつわるもろもろの近代的思考を転覆させることに成功した論者である。

　しかしながら、筆者は、デネットの「自己」の説明には若干の補足が必要ではないかと考えている。というのも、デネットは、自己を語るに際して、「物語がはっきり分かれているということが、互いに異なる自己を養い支える活力になっている(18)」とも述べており、「物語的重力の中心」である自己がそれぞれ分散した状況にあるような印象を抱かせているからである。デネットは、その意識の多元的草稿モデルでは、幾筋ものプロセスが絡み合いもつれ合うことを論じている。だが、そのようなモデルが必ずしも自己像に反映されているとは言えないのである。

　そこで思い起こされるのが、ラディカル・デモクラシーの論者、エルネスト・ラクラウ（Ernesto Laclau）とシャンタル・ムフ（Chantal Mouffe）による「主体」についての議論である。ラクラウとムフによれば、「主体」というカテゴリーについての議論には混乱がある。ラクラウとムフは、二つのきわめて異なった問題を区別することを要求する。それは、「主体カテゴリーの言説的あるいは前言説的な性格の問題と、異なった主体位置のあいだの関係性という問題(19)」である。

　第一の問題は、合理論と経験論との双方が「個人」に付与している役割を次第に疑問視するように仕向けてきた。この批判は、

基本的には三つの概念的な目標に関連している。つまり、「合理的でみずからに対して透明な（transparent to itself）行為者という主体観、その位置の総体における統一性と同質性との仮定、そして、社会関係の起源かつ基礎としての主体という理解」[20]である。ラクラウとムフの考えでは、「主体」というカテゴリーは、「言説構造の内部での「主体位置」」という意味である[21]。そのため、「主体」のすべての経験は、言説的な諸条件に依存しており社会関係の起源とはなりえない。しかし、このことは、第一の問題への解答でしかなく、第二の問題への解答ではない。「「人間」が産出されてきた諸位置の分散を主張するのは、第一段階でしかない」[22]のである。

　第二の問題に議論を移し、ラクラウとムフは、「すべての主体位置が言説的性格を持つからといって、それらの位置のあいだで存在しうる関係のタイプがすべて決まるわけではない。どんな主体位置も言説的位置であるため、それは一切の言説と同じく、開かれた性格を分かち持っている。したがって、さまざまな位置は、閉ざされた差異システムのなかで完全に固定されはしない」と述べる[23]。彼らは、第二段階では、「複数の位置のあいだで打ち立てられている重層的決定と全体化との諸関係が提示される必要がある」とし、「言語的差異システムの非固定性あるいは開放性が、このような類比や相互浸透の効果を可能にする」ことを考察するのである[24]。

　かくして、ラクラウとムフは次のように言う。

　　主体というカテゴリーの固有性は、「主体位置」の分散の絶対化によっても、「超越的主体」を機軸にした諸位置の、同様に絶対化された統一によっても、打ち立てられえない。主体というカテゴリーは、重層的決定があらゆる言説的アイデンティティに割り当てるのと同じ、曖昧で不完全かつ多義的

な特性によって浸透されている。行為者の主体性は、それが一部をなしている言説的全体性の、あらゆる点で現れるのと同様な不安定性と縫合の不在によって貫かれている。最終的縫合のこうした不在そのもののおかげで、主体位置の分散は解決にはなりえない。つまり、さまざまな主体位置はどれひとつとして分離した位置としてみずからを最終的に統合できないため、諸位置のあいだには重層的決定ゲームが存在するのである。⁽²⁵⁾

　ラクラウとムフによれば、様々な「主体位置」は、それが不安定で閉じることがない言説によって編成されるものであるがゆえに、完全に分離することはなく、「類比」や「相互浸透」を通じて重層的に決定されるものである。そして、重層的な決定の状況にある「主体」がもつ"意味の余剰"こそが、〈抵抗〉の可能性をうみだすのである。⁽²⁶⁾

　筆者は、〈重層的な決定としてある曖昧で多義的な自己〉というラクラウとムフの示した自己像のほうが、デネットの多元的草稿モデルをより的確に自己像へと反映させているのではないかと考えている。デネットは、確かに自己にまつわるもろもろの近代的思考を転覆させることに成功している。しかしながら、〈多元化する自己〉のあり方を分散的に捉えることで、既存の〈倫理〉に〈抵抗〉していく〈自己〉という側面を捉え損なっており、そのため、既存の〈倫理〉を問い直し・再編する契機も捉え損なっているのではないかと思われる。それが、筆者が、ラクラウとムフの示した自己像に、デネットの示した自己像以上に近代的な〈主観性〉を乗り越える可能性を見て取りたいと考えるゆえんである。

2　インターネット時代の自己像

タークルの研究

　前節におけるデネットの自己像と、ラクラウとムフの自己像の検討は、ポスト・モダン哲学ではどのような自己像が提示されているのかを明らかにするものだった。続いて、この節では、インターネット上での自己像がどのようなものとして把握されつつあるのかを問題にしたい。その際に手がかりにするのは、第1部でも取り上げたシェリー・タークルの研究である。タークルは、インターネットを利用する人たちへのインタビューに当たって、そうした人たちの自己のあり方に関する〈語り〉を記述し、インターネット上の人々の自己像を析出する作業を試みている。

　さて、タークルが第一に注目するのは、MUDプレイヤーの自己である。タークルによれば、インターネット上でアクセスできるMUDには、基本的に二つのタイプがある。『ダンジョンズ・アンド・ドラゴンズ』の伝統を最も色濃く受け継ぐゲーム、アドベンチャー・タイプは、中世風のファンタジー風景を中心につくられている。関係者たちから親愛を込めて"ハック・アンド・スレイ"と呼ばれるタイプのMUDでは、モンスターやドラゴンを殺したり、金貨や魔除けやその他の宝物を見つけると、ゲームのオブジェクトが経験値を獲得することになる。第二のタイプは比較的オープンな空間からなり、想像力のおもむくままにどんなふうにでも遊ぶことができる。社会的MUDと呼ばれることが多いこうしたタイプのMUDでは、主眼は他のプレイヤーとインタラクトすることである。また、自分自身のオブジェクトやアーキテクチャをつくりだしてヴァーチャル・ワールドの組み立てに加わることが主眼というMUDもある。実際には、アドベンチャー・

タイプ MUD と社会的 MUD とに共通するところは多い。どちらもプレイヤーの興味をつかんで離さないのは、自分のキャラクターあるいはキャラクターたちを操る点であり、他のキャラクターたちとインタラクトできる点であるようだ。アドベンチャー・タイプの MUD でさえ、プレイヤーは、妖精や戦士、娼婦、政治家、治療者、預言者になったり、同時に、その複数のものになったりすることができる。プレイヤーは、それらのキャラクターとして、やはりキャラクターになっている他のプレイヤーたちとの関係を発展させていく。MUD はテキストをベースとした仮想現実なのである。

　タークルは、こうした MUD のプレイヤーたちの言葉、「なりたいと思うどんな人間にでもなれる。お望みとあらば、自分自身を完全に定義し直すこともできます。異性になることもできる。もっと口数が多くもなれる。（略）何でもありです。ただ望みの人間になれるんです、ほんとうに。力量に合うどんな人間にでも。他人がつける地位をあまり気にする必要はありません。他人が自分をどう思うか、それを変えるのはずっと簡単です。自分がみんなに見せるものがすべてなんですから。からだつきを見て思いこみが生じることはない。なまりを聞き取って思いこみが生じることも。みんなが見るのは言葉だけ。あそこでは常にそうなんです」「私はひとつではなく、いろいろたくさんのものからなっているんです。それぞれの部分は、現実の世界でよりも MUD でのほうがずっと、十分に表現できる。だから、MUD で演じる自分自身はひとつではないけれども、MUD しているときのほうがずっと"私自身"らしい気がしますね」(26歳・事務員)[29]という言葉を取り上げて、考察を進める。MUD の自己は、差異、多様性、異質性、分裂を包含する。MUD のプレイヤーは、キャラクターをいくつでもつくりだし、いくつものゲームに参加することができる。MUD の自己は、脱中心化されているだけではなく、際限

なく増殖しているのである。

　タークルが見るところでは、従来のロールプレイング・ゲームでさえ、非現実とも現実ともつかない中間にある経験となるが、MUDには演技の終点がないため、MUD内の境界線はより一層ぼやけている。そのため、日課のようにプレイすることで、MUDは、プレイヤーの現実の生活の一部になる。MUDにのめり込んでいるプレイヤーには、正規の仕事として1日中コンピュータに携わっている人が多い。MUDでプレイしながら、自分のキャラクターを一時的に眠らせる。ゲームにはログオンしたままだが、他の仕事を続けているのである。MUDはウィンドウを隠したまま走らせておくことができる。プレイヤーはときどきゲーム空間に舞い戻る。こうして、1日を切れ切れに分断して、現実世界といくつもの仮想世界を行き来する生活を経験するようになるのである。

「このMUDは、リラックスして世間話なんかをするところ。こっちのMUDじゃ、フレーム・ウォーに巻き込まれてる。最後のMUDは、ちょっとしたセクシャルなことをする場所。このMUDと、あしたの朝十時が締切の物理の課題とのあいだを、行ったり来たりしているわけです」(18歳・新入生)、「ぼくは、自分の心を分割する。かなりうまくできるようになったよ。自分自身が、三つにも四つにもなるのがわかる。ウィンドウからウィンドウへ移るときは、心のひとつのパートをオンにするだけだ。あるウィンドウで言い争いみたいなことをしてるとき、別のウィンドウではMUDのなかで女の子をくどいてる。また別のウィンドウではスプレッドシート・ソフトが走ってるかもしれないし、もうひとつのウィンドウでは学校の勉強をしてる……そのときにリアルタイムのメッセージが入ると（別のシステムユーザーからメッセージが入ると、画面上で点滅するんだ）、ああ、RLだってわかる。それも、もうひとつのウィンドウにすぎないんだよね」「RL

は、もうひとつのウィンドウにすぎない」「ぼくにとってベストのウィンドウとはかぎらない」（大学3年生）というタークルが記述するプレイヤーたちの言葉(32)は、そうした彼らの経験をよく物語っている。

　また、タークルによれば、MUD以外にも、電子メール、コンピュータ会議、BBSという形式も、仮想世界を利用して脱中心化された自己を経験する場になっている(33)。その例として、タークルは、ヴァーチャル・コミュニティ、WELLを取り上げる(34)。WELLディスカッションでは、WELLでの人生が自分自身の内にある多くの面に気づかせてくれたと関係者の多くが思いを表現している。WELLでは、BBSに参画して自分自身のたくさんの面を外に出したことから、「……私たちひとりひとりのなかに、細かいことにこだわる者、夢を追いかける者、感情的な者、原理主義者、いたずらっ子がいる。いつまでも彼らが手を振っていてくれますように」と書いた人がいる。社会心理学者ケネス・ガーゲン（Kenneth J. Gergen）の影響を受けたある人は、アイデンティティは、「いくつもの性格の混成」だと表現する。また、自分の「自己」は「中空の管のようなもの」だと考え、「"たくさんの自分"が一度にひとりずつ、適宜その管をとおして話をする。……もっとたくさんの意見を聞きたい……どんなコンテクストであろうと"ひとり（one）"として認めているものはひょっとしたら、"複数のひとり（ones）"が集まったものなのかもしれないという観念を取り巻く可能性について」と書いた人もいる。別の人は、これに賛同して、「R・クラムの、「ほんとうのR・クラムはどれだ？」という内容のまんがを見たことがありますか？　四ページにわたって、作者がいろいろな人間の姿をとっていくものです。ビジネスマンとして大成功したり道ばたで物乞いをしたり、メディアの寵児になったかと思うと腹をすかせた世捨て人になったり……。そして、おしまいに彼はこう言う。「どれが本物なん

だ?」……「それは何もかも、ぼくの気分しだいなのさ!」 私たちはみんな、オンラインではそんな感じです」という意見を書いているのである。

タークルの研究がもたらした自己像

ところで、このように複数の自己が立ち現れる場としてのインターネットでは、既存の〈倫理〉に対する〈異議申し立て〉を含みもつ試みを見て取ることができる。それは、第1章で見たようにタークルが取り上げるジェンダー・スイッチング[35]の試みである。

タークルによれば、男に見せかけること、女性らしさを脱構築すること、それらは、MUDで女性プレイヤーがおこなっているゲームである[36]。例えば、MUDで2年間男性のキャラクターを演じている34歳の女性は、女性として断固とした態度をとると、いやな女だという気分になっていたのだが、男性になっていると、そういうことから解放された、と語っている[37]。

一方、男性が女性のキャラクターを演じることも少なくない。女性のキャラクターになる男性は、男性である自分にはできない振る舞いをするために、ジェンダー・スイッチングをする。タークルによれば、ある男性は、女性キャラクターを演じることにした理由を、女性的なコミュニケーションなど女性の経験することをもっと知りたかったからだと述べている[38]。

こうしたインターネット上におけるジェンダー・スイッチングは、〈リアル・ライフ〉における男女のあり方や、その振る舞い方を問い直す契機となりえていると言えるだろう。言い換えれば、その試みには、MUDに立ち現れた自己による既存の〈倫理〉への〈異議申し立て〉を見ることができるのである。

また、この〈異議申し立て〉は、〈リアル・ライフ〉の自己変革の可能性もうみだしうる。タークルは、MUDで女性キャラクターを演じている男性が「ぼくにはいろいろなことができる──

現実に、ということですよ——以前はできなかったようなことが。キャサリーン・ヘップバーンもどきのキャラクターたちを演じてきたおかげです」と語ったことを報告しており、インターネット上に立ち現れた自己が〈リアル・ライフ〉の自己変革をもたらしたことをうかがわせているのである。

　インターネット上で、既存の〈倫理〉に対する〈異議申し立て〉ともいうべき状況がうみだされうるのは、多重人格障害のケースとは異なり、その自己の様々な面の間にコミュニケーションが開かれているがゆえだろう。すなわち、それぞれの自己が開かれた性格をもち相互に浸透しているからこそ、インターネット上で既存の自己とは異なる自己を経験することが、既存の〈倫理〉の再検討を可能にすると考えられるのである。そして、そのことが〈リアル・ライフ〉の自己変革をうみだし、さらには既存の〈倫理〉の変革の可能性を切り開いていくと言えるだろう。

　こうして見てくると、タークルの描き出した、単一ではなくたくさんの面の間で流動的なアクセスがある〈多元的な自己〉は、デネットよりもむしろ、ラクラウとムフの自己像とより呼応していると言えるだろう。タークルが描き出した自己像は、ラクラウとムフが提示した自己像がテクノロジーとの関わりでどのように立ち現れてきているかを記述したものとして位置づけられるのである。

21世紀につながるタークルの自己像

　タークルの研究は、20世紀終わりのMUDユーザーを中心として自己像を描き出したものであった。しかし、その自己は、21世紀の日本のMMORPGのプレイヤーにおいても立ち現れ始めているのではないかと筆者は考えている。

　MMORPGでは、基本的にゲームの〈終わり〉はない。そして、冒険や戦闘、イベントへの挑戦、アイテムの売買、黙々とチ

ャットなど、プレイヤーが好きなときに好きな行動を取ることができる[43]。また、キャラクターを複数つくりだすこともできる。そこでは、家がもてたり、プレイヤーの間での結婚が公式に認められるなど[44]、〈仮想世界〉なりに〈日常生活〉が成立している。

さて、このMMORPGのプレイヤーたちも、それらのゲームでは、ロールプレイングというより〈自己〉を経験していることをうかがわせる発言をしている。例えば、MMORPGの一つである『ウルティマ・オンライン』の日本人ユーザーたちの対談集では、「自分らしくブリタニアで生活すると、それがRP〔Role-Playingの略：引用者注〕というものになるのかもしれない」「RPなんざどうでもいい」「キャラをしっかり持っていればそんなもの〔RP：引用者注〕いらないよな」「日々、自分らしくブリで生きる者にとってRPとかいう言葉はどーでもいいよなぁ」などの言葉が見受けられた[45]。これらの発言では、ゲームのなかのキャラクターは、ロールプレイングを超えて一つの〈自己〉として捉えられている。そのキャラクターは、「自分らしく」と表現されるような〈自己〉にもなっているのである。

また、MMORPGのプレイヤーによっても、ゲームのなかでリアル・ライフの自己とは異なる自己になろうとすることが、既存の〈倫理〉へ〈異議申し立て〉を含みもっていることを示唆する発言がなされている。

例えば、MMORPGの場合にも、男性が女性のキャラクターになることが少なくないが、プレイヤーたちは、インターネット上でその理由を、「一度女性になってみたかった」という変身願望があるのではないか[46]、「憧れていてそういう存在でいたい」のではないか〔文章中では「居たい」となっていたが、「いたい」のほうが適切と判断し修正：引用者注〕[47]、と分析している。また、必ずしもMMORPGのプレイに限定されたものではないが、インターネット上で男性が女性として振る舞う理由を「男性にしろ女性

にしろ、異性になってみたいという願望が大なり小なりあるんじゃないでしょうか」〔文章中では「見たい」となっていたが、「みたい」のほうが適切と判断し修正：引用者注〕と分析する発言も認められた。

　このような発言がなされるのは、日本における既存のジェンダー秩序に対して個々人が何らかの〈抑圧〉を感じており、それを問い直したいという思いを抱いていることを受けてのことと考えられる。実際、男性が女性のキャラクターになる理由を「憧れていてそういう存在でいたい」のではないかと分析したプレイヤーは、男にうまれたがゆえに、あるいは、女にうまれたがゆえに憧れるキャラクターのように振る舞うことを許されない状況を「社会の偏見が、作用している」と論じ、さらには、「色んな人を受け入れられる世の中にもっとなればいいと思う」と発言している。また、あるプレイヤーは、男性が扮する女性キャラクターをエスコートした際、出会ったキャラクター３人が３人とも「彼女」に口笛を吹いたため、その女性キャラクターに扮した男性にどんな気がするのかと尋ねると、「いやな気分だ」と答えた経験を記し、「現実世界でも彼はこのことを忘れずにいるといいのだが」と述べている。

　本書の第２章では、筆者自身がおこなったアンケート調査の結果に基づいて考察をおこなった。インターネット上での、自身のジェンダーを変える試みやその試みへの関わりが、ゲームのプレイヤーやインターネットのユーザーにどのような経験や視点をもたらしているのかについてはさらなる探究が求められていると言えるだろう。

3　多元化する自己の倫理的可能性

　単一ではない自己像は、ポスト・モダン哲学が提示してきたものだった。しかし、こうした理論は、日常の我々の自己の理解にどれだけ影響力があったかは疑わしかった。単一の自己は幻想だとするポスト・モダン哲学の理論と、単一の自己が最も基本的な現実だという日常生活の経験との乖離があったのである[51]。

　ところが、本章の考察が示すように、インターネットが急速に発展した情報社会では、〈自己〉は重層的な決定としてある曖昧で多義的なものとして立ち現れ始めた。ラディカル・デモクラシーが提示した観念的な自己像は、いまや日常生活に具現化され始めている。それが、コンピュータというテクノロジーとともにある日常において経験される〈自己〉のあり方の一つになりつつあるのである。

　インターネットを通じて日常的に経験されるようになった〈多元的な自己〉は、既存の〈倫理〉のなかにある自己のうちに、既存の関係性への〈異議申し立て〉を呼び起こす可能性をもつと考えられる。例えば、インターネット上では、自己のうちに、既存の不均衡な男女関係のなかにある〈女性〉とは異なる自己が立ち現れることが可能になる。彼女は、インターネット上の〈新たな〉関係性において、男性と平等な権利を与えられた存在としての経験をもつことができる。その結果、彼女の〈自己〉は、既存の〈倫理〉のなかにある自己としてだけではありえなくなる。彼女の〈自己〉は多元化し、既存の〈倫理〉のなかにある自己は、ラクラウとムフが言うような"意味の余剰"にさらされた〈自己〉になるのである。そしてその結果、彼女のうちには、既存の〈倫理〉に対する〈異議申し立て〉がうまれる可能性が切り開か

れる。

　さらに言えば、インターネットを通じて日常的に経験されるようになった〈重層的決定としてある曖昧で多義的な自己〉はまた、そのような〈異議申し立て〉を受け止めうる〈自己〉とも考えられる。〈多元的な自己〉は、たとえ、ある既存の関係性において、他者を〈抑圧〉するような位置にあったとしても、そのような〈自己〉だけではありえない。他の関係性において、抑圧される位置にあるかもしれない。〈重層的決定としてある曖昧で多義的な自己〉はまた、その多元性を通じて〈異議申し立て〉を受け止めていく可能性をもっていると考えられるのである。

　実際、タークルは、そうした〈自己〉が単一の自己によっては容易にはなしえないような倫理的な営みをなしうることをも示唆している。タークルによれば、自己を一元的なものとして経験する人々が社会を支持した時代は、往々にして視野が狭いまま、息苦しくもあり、差異を逸脱として排除する傾向もあった。[52]それに対して、〈柔軟な自己〉は、我々の内なる多様性を認めるとともに、自身の内なるたくさんの人や他の人たちを尊重する姿勢をも促すのである。筆者もまた、〈多元的な自己〉を通じて〈異議申し立て〉がうまれてくるかぎり、既存の〈倫理〉の再編の可能性もまた開かれていくのではないかと考えている。

おわりに

　最初に述べたように、本章では、情報社会の進展によって人間社会のあり方がどう変化しつつあり、その変化が人間の〈倫理的な営み〉にどのような影響を与えつつあるかを分析した。とりわけ、情報社会の進展のうちに、どのような形で、既存の〈倫理〉の問い直し・再編の契機が立ち現れてきているのかを把握するこ

とを試みてきた。

　コンピュータというテクノロジーの普及とともに日常で経験されるようになった〈多元的な自己〉は、ラディカル・デモクラシーの理論が提示してきた自己像と接合しうるものだった。すなわち、インターネットを通じて日常的に経験されるようになった〈多元的な自己〉は、ラディカル・デモクラシーによって理念的に示された自己像がもつ既存の〈倫理〉への〈異議申し立て力〉が情報社会の進展によって一層現実的なものとなりつつあることを示していると考えられるのである。

　本章のように、情報社会の〈多元的な自己〉を、ラディカル・デモクラシーが描き出した既存の〈倫理〉の内実を常に問い直しうる〈自己〉と接合する試みは、「情報化時代に対応した新しい倫理学理論の構築を既存の倫理学理論との批判的対話に基づいて模索する」という意味での〈情報倫理学〉の営みの第一歩と位置づけられるだろう。そして、ラディカル・デモクラシーのような理論とのさらなる対話は、情報化時代に対応した新たな倫理学理論へとつながっていくだろう。情報社会に立ち現れつつある現実と既存の倫理学理論との接合を可能にする〈多元的な自己〉には、実践的にも、理論的にも大きな可能性を見て取ることができるのである。

注
（１）前掲「インターネット時代の情報倫理学」3―48ページ
（２）品川哲彦「倫理、倫理学、倫理的なるもの」「日本倫理学会第56回大会報告集」日本倫理学会、2005年、7―11ページ
（３）根村直美「情報社会のリアリティとアイデンティティ」、根村直美編著『ジェンダーで読む健康／セクシュアリティ』（「健康とジェンダー」第２巻）所収、明石書店、2003年、59―82ページ
（４）Daniel C. Dennett, *Consciousness Explained*, Boston: Little, Brown and Company, 1991.〔ダニエル・C・デネット『解明される

意識』山口泰司訳、青土社、1998年〕。以下、引用などの日本語訳やその表記はこの訳書に従った。ただし、直接の引用ではない場合には一部変更している。

（5）*Ibid.*, p. 113, 135.〔同書142、167ページ〕
（6）*Ibid.*, p. 253.〔同書302ページ〕
（7）山口泰司「訳者あとがき」、前掲『解明される意識』所収、584ページ
（8）同書590—594ページ
（9）同書591ページ
（10）現在、DSM—5（精神疾患の分類と診断の手引）ではこれらの名称は使われていないが（American Psychiatric Association編、日本精神神経学会日本語版用語監修『DSM—5精神疾患の分類と診断の手引』髙橋三郎／大野裕監訳、染矢俊幸／神庭重信／尾崎紀夫／三村將／村井俊哉訳、医学書院、2014年）、本書ではデネットの呼称に従った。
（11）Dennett, *op. cit.*, p. 413.〔前掲『解明される意識』489ページ〕
（12）*Ibid.*, p. 418.〔同書495ページ〕
（13）*Ibid.*, p. 422.〔同書500ページ〕
（14）『解明される意識』のデネットにとって、「からだ」が何を意味しているのかは必ずしも明らかではない。しかしながら、「生物学的な自己」を〈一つの抽象〉と捉えていることから、ここでは、〈本質〉として存在している〈生物学的な自己〉を想定しているわけではないと思われる（*Ibid.*, p. 422.〔同書500ページ〕）。
（15）*Ibid.*, pp. 426-427.〔同書505ページ〕
（16）*Ibid.*, pp. 419-426.〔同書496—504ページ〕
（17）*Ibid.*, pp. 419-426.〔同書496—504ページ〕
（18）*Ibid.*, p. 425.〔同書503ページ〕
（19）Ernesto Laclau and Chantal Mouffe, *Hegemony and Socialist Strategy: Towards a Radical Democratic Politics*, second edition, London: Verso, 2001, pp. 114-115. 邦訳に、エルネスト・ラクラウ／シャンタル・ムフ『民主主義の革命――ヘゲモニーとポスト・マルクス主義』（西永亮／千葉眞訳〔ちくま学芸文庫〕、筑摩書房、

2012年)があるが、引用などの日本語訳やその表記は、おおむね初版の邦訳エルネスト・ラクラウ／シャンタル・ムフ『ポスト・マルクス主義と政治——根源的民主主義のために 復刻新版』(山崎カヲル／石澤武訳、大村書店、2000年)に従った。ただし、筆者の判断で変更した個所がある。初版の邦訳では、184ページ。
(20) *Ibid.*, p. 115.〔同書184ページ〕
(21) *Ibid.*〔同書185ページ〕
(22) *Ibid.*, p. 117.〔同書187ページ〕
(23) *Ibid.*, p. 115.〔同書185ページ〕
(24) *Ibid.*, p. 117.〔同書187ページ〕
(25) *Ibid.*, pp. 121-122.〔同書194ページ〕
(26) *Ibid.*, p. 111.〔同書179ページ〕
(27) 第1章の注(4)も参照のこと。
(28) Turkle, *op. cit.*, pp. 181-182.〔前掲『接続された心』242—243ページ〕
(29) *Ibid.*, pp. 184-186.〔同書247—248ページ〕
(30) *Ibid.*, pp. 188-189.〔同書252—253ページ〕
(31) 「リアル・ライフ(現実生活)」のことを指す。
(32) Turkle, *op. cit.*, pp. 12-13.〔前掲『接続された心』14—16ページ〕
(33) *Ibid.*, p. 242.〔同書330ページ〕
(34) *Ibid.*, pp. 256-258.〔同書349—352ページ〕
(35) 第1章の注(2)で述べたように、本書では、「ジェンダー・スワッピング」という語は用いず、「ジェンダー・スイッチング」で統一した。
(36) Turkle, *op. cit.*, p. 215.〔前掲『接続された心』291ページ〕
(37) *Ibid.*, p. 221.〔同書300ページ〕
(38) *Ibid.*, p. 216.〔同書292—293ページ〕
(39) *Ibid.*, p. 220.〔同書297—298ページ〕
(40) *Ibid.*, p. 261.〔同書356—357ページ〕
(41) 第2章の注(7)を参照のこと。
(42) 前掲「MMORPG」「IT用語辞典 e-words」
(43) 「MMORPG」「OCN ゲーム オンラインゲーム用語集」(http://

game.ocn.ne.jp/word/alphabet/m-r.html#MMORPG）〔2008年2月25日アクセス〕
(44) 岩瀬将和監修『ウルティマオンライン・オフィシャルガイドGM』イースト・プレス、2001年
(45) 同書92―93ページ
(46)「ネカマ論」（http://www.hm3.aitai.ne.jp/~okuoku/nekama.htm）〔2005年6月21日アクセス〕
(47)「各駅停食：ネカマ」（http://humptydumpty.tea-nifty.com/kakukei/2004/08/post2.html）〔2005年11月2日アクセス〕
(48)「ネカマの人に質問」「教えてgoo」（http://oshiete.goo.ne.jp/qa/1446534.html）〔2005年7月16日アクセス〕
(49) 前掲「各駅停食：ネカマ」
(50) Andy Patrizio「女性キャラになって『エバークエスト』の旅に出よう（上）」日本語版：河原稔／柳沢圭子、「ワイアード・ニュース」（http://wired.jp/2001/01/24/%E5%A5%B3%E6%80%A7%E3%82%AD%E3%83%A3%E3%83%A9%E3%81%AB%E3%81%AA%E3%81%A3%E3%81%A6%E3%80%8E%E3%82%A8%E3%83%90%E3%83%BC%E3%82%AF%E3%82%A8%E3%82%B9%E3%83%88%E3%80%8F%E3%81%AE%E6%97%85%E3%81%AB%E5%87%BA/)〔2005年11月2日アクセス〕
(51) Turkle, *op. cit.*, pp. 14-15.〔前掲『接続された心』17―18ページ〕
(52) *Ibid.*, p. 254.〔同書347ページ〕
(53) 前掲「インターネット時代の情報倫理学」38ページ

第5章
サイバー・スペースの自己と身体に関する考察

はじめに
—— 自己の多元化とジェンダー秩序への〈異議申し立て〉

　コンピュータを介したコミュニケーションについては、既存のコミュニケーションにおいてヒエラルキーをつくりだしてきたと考えられる様々な人間的属性からの可能性が議論されてきた[1]。その一方で、スーザン・ヘリングがおこなったインターネット上のフォーラムの分析[2]やキャロル・J・アダムスがおこなったポルノグラフィ分析[3]などは、コンピュータを介したコミュニケーションが現実世界のジェンダー構造を維持し強化していることを示唆してきた。これに対して、筆者は、シェリー・タークルの研究[4]を手がかりとして、日本のMMORPG[5]におけるジェンダー・スイッチングがコンピュータ・ユーザーたちにとってどのような可能性をもちうるのかを分析した。タークルや筆者の研究では、コンピュータを介したコミュニケーションは、既存のコミュニケーションでヒエラルキーをつくりだしてきたと考えられる様々な人間的属性から完全に自由ではないものの、ヘリングやアダムスが指摘するようなジェンダー構造に完全に絡め取られているわけではないことが示された。すなわち、タークルや筆者の研究では、ゲームプレイなどにおけるジェンダー・スイッチングのうちに、現実のヒエラルキーから解放されたコミュニケーションの実現とそれ

による現実世界の改編の可能性が示されたのである。

　第4章では、ゲームプレイなどに見られるジェンダー・スイッチングを通じた自己の多元化が、どのようにして既存のジェンダー秩序への〈異議申し立て〉を可能にするのかは、エルネスト・ラクラウとシャンタル・ムフの「主体」の議論を用いて説明することができることを示した。ラクラウとムフは次のように論じる。「主体」というカテゴリーは、「何らかの言説構造の内部での「主体位置」」という意味であり、「統一され統一する本質」ではない。そして、どの「主体位置」も、言説的な諸条件に依存しているがゆえ、「社会関係の起源とはなりえない」。一方で、様々な「主体位置」は、それが不安定で閉じることのない言説によって編成されるものであるがゆえに、完全に分離することはない。すなわち、「類比」や「相互浸透」を通じて重層的に決定されているがゆえ、「私」は、常に"意味の余剰"にさらされた「私」である。

　そして、それぞれの「主体位置」における「「他者」の現前が、私が完全に私であることを妨げる。関係は完全な全体性からではなく、完全性を構成することの不可能性から生じる」のであり、「小作農は小作農だけではありえないがゆえに、彼を土地から追い出す領主との敵対性が存在するのである」。

　小作農が小作農だけではありえないということは、小作農には、小作農以外の様々な意味作用の領域が開かれているということである。すなわち、潜在的な〈意味の複数性〉にこそ、〈抵抗〉の可能性が見いだされるのである。このような議論を、ジェンダーの文脈に置き換えるならば、次のようになるだろう。〈男性〉という〈他者〉の現前ゆえに、〈女性〉は、〈女性〉だけではありえない。〈男性〉の現前ゆえに、彼女は完全には〈女性〉であることはできない。そのため、彼女を抑圧する〈男性〉への〈抵抗〉がうまれる。〈女性〉には、〈女性〉以外の様々な意味作用の領域が開かれている。つまり、重層的な決定の状況にある自己がもつ

〈意味の余剰〉こそが、〈抵抗〉の可能性をうみだすのである。

こうした議論は、自己の多元化という観点から、コンピュータを介したコミュニケーションを通じて既存のジェンダー秩序への〈異議申し立て〉がうみだされるメカニズムを明らかにしようとしたものである。しかしながら、その議論は、アルケール・ロザンヌ・ストーンが言う「生成されたもうひとつの現実」[10]、すなわち、サイバー・スペースを介した自己の多元化がうみだす〈異議申し立て〉のメカニズムと、小説を読む、映画を観るといった、必ずしもサイバー・スペースを介するわけではない自己の多元化がうみだすメカニズムとが、どのように異なるのかについて、何ら指し示していないと言っていいだろう。もし、サイバー・スペースを介した自己の多元化がうみだすメカニズムと、必ずしもサイバー・スペースを介するわけではない自己の多元化がうみだすメカニズムとが、どのように異なるのかを明らかにすることができたとすれば、コンピュータを介したコミュニケーションによる〈異議申し立て〉のメカニズムの〈独自性〉を明らかにしえたと言いうるのではないだろうか。

こうした本章の試みに対して大きな示唆を与えるのが、水野勝仁による、マウスとデスクトップ・メタファーがなぜ変わることなく使われ続けているのかを問うた論考である[11]。水野によれば、マウスを通じてコンピュータの論理の世界に「身体としてある行為」[12]が導入され、そのことが、デスクトップ・メタファーをうみだした。そのマウスとデスクトップ・メタファーは、我々の身体経験を基盤にして強固に結び付き、我々の身体が古くから経験している「何かを摑んで動かす」[13]という感覚を用いてディスプレイ上で多様な行為を実現することでコンピュータ操作の可能性を広げたものであるがゆえに、変わらずに使われ続けているのである。

水野の論考は、インターフェイスの成功例であるマウスとデスクトップ・メタファーを分析したものであり、その問題設定は本

章のものとは大きく異なる。しかし、それにもかかわらず、これまでのコンピュータを介したコミュニケーションのジェンダー分析、および、自己の多元化に関する議論において十分に検討されてこなかった論点を教えてくれる。すなわち、コンピュータ世界にいかに身体経験が導入されているかを示唆しているのである。

　ちなみに、2010年のタブレット型コンピュータの発売以来、マウスと並行して、コンピュータ世界にタッチパネルが導入されるようになった。この変化はコンピュータ世界に身体経験がいかに深く組み込まれているのかを、より一層明らかにするものと言えるだろう。タッチパネルの利用では、我々の「何かを摑んで動かす」という古くからの身体行為がマウスを介することなくコンピュータ操作と結び付くようになったのである。

　そこで、本章では、〈サイバー・スペースのなかに誕生した自己は、どのように身体を経験しているのか〉を検討することを通じて、サイバー・スペースが出現した時代ゆえに可能になった既存のジェンダー秩序への〈異議申し立て〉のメカニズムを探ることを試みたい。コンピュータ世界における身体経験に注目し、そうした〈異議申し立て〉のメカニズムを分析し直してみることは、そのメカニズムのこれまで解明されてこなかった点を明らかにすることになるだろう。すなわち、その分析は、サイバー・スペースが出現したゆえに可能になった既存のジェンダー秩序への〈異議申し立て〉とはどのようなものなのかに関して、これまでにない新たな知見をもたらしてくれると考えられるのである。

1　サイバー・スペースのなかの自己の誕生と身体

　サイバー・スペースのなかの自己の誕生を身体との関連でいち早く論じたのはストーンである。ストーンは、その著作で、コミ

ュニケーション・テクノロジーの歴史を「自己と身体のあいだの緊張と、そのインタラクションや分離や融合の戯れ」という観点から扱い、サイバー・スペースのなかに誕生した自己を身体との関連で分析する。この節では、そのストーンの議論を出発点として考察を始めたい。

サイバー・スペースのなかの自己の誕生

ストーンは、その歴史的分析において、「物理的に近接しうる諸身体と諸自己を媒介するテクノロジー。つまり、「インターフェイス(15)」」という観点から、自己と身体の結び付き、および、その結び目のほころびに関して、まず次のように論じる。

電子コミュニケーション以前、行為者（agent）は、その行為者の「封印のついたテキスト」を介して近接性を維持した。そして、「テキストにこめられた行為主体性（agency）(17)」は、人間の代理者を通じて補強することができた。それに対し、電子的な会話が出現した時代、すなわち、電話の時代、近接性はテクノロジーを介して維持されたが、行為主体の姿は見えなくなった。しかしながら、電話で他人と話していることを当然と感じるようになると、特定の境界線をもった単一の行為主体が声に依拠しながら存在しているという確信がもてるようになり、次第に近接性の意味が再構成されていったのである。

ストーンは、別の個所では、その「特定の境界線をもった行為主体」について、「政治的、認識論的、生物学的なユニット」で、「測量可能で定量化できるのみならず、本質的に「決まった場所に」実在している」と解されるものだった、と論じている。ストーンによれば、その時代、個々の社会的行為者（actor）は、物理的な位置を規定する地形学的な座標に固定されるようになったのだが、地形学的に固定された身体が政治的認証や政治的行為の場として特権化されたのは、ただそうした身体の現前（presence）

によるのではなく、むしろ、その身体が行為主体のそもそもの場である「社会的に構成された自己」と結び付けられたからなのである。ストーンは、このような行為主体を「政治的に正当化された人格」とも呼んでいる。

さて、ストーンは、声に依拠した電子的な会話の時代には、その正当化された身体がテクノロジーを通して現れることで行為主体の近接性が果たされたのだが、やがて、行為主体は、声にではなく、声の図像的な表象に依拠するようになっていった、と分析する。そして、図像的な表象に依拠する電子テクノロジーによって行為主体が顕現できるようになったことの意味とその帰結に関して次のように述べる。そうした行為主体の顕現が意味したことは、行為主体と特権をもつ身体との関係がより構築的(discursive)なものになっていったということだった。そして、行為主体と特権をもつ身体との関係が構築的なものになることにより、結果として、ネットのヴァーチャルな空間に何の問題もなく生息する主体（subjectivity）〔＝自己〕が誕生した。かくして、我々の目の前に、最初のヴァーチャル・コミュニティが出現するに至ったのである。

こうした事情に関して、ストーンは、他の個所では、「身体の物理的な地図と身体に宿る我々の経験を社会的に媒介されたものと考えるならば、身体に宿る主体の「場所」を社会的に媒介されたものとして想像することは難しくはなくなる」と述べる。我々は、「「物理的」な場所ではなく、社会的領域、あるいは、経験能力という観点」から自己を考えることができるようになり、それまでの「身体論が拠りどころとしてきた身体から「独立」した象徴交換の体系、すなわち、情報テクノロジー」のなかでの「主体（subject）の構築」を考えることができるようになったのである。

サイバー・スペースのなかの自己の身体とはどのようなものなのか

　前節で示したように、コミュニケーション・テクノロジーの歴史の分析を通じて「自己と身体のあいだの緊張と、そのインタラクションや分離や融合の戯れ」の様子に目を向けることにより、我々は、情報交換のネットワークを特権化された身体の移動とは異なる位相で移動する自己、すなわち、特権をもつ身体が除かれた空間で移動する自己を理解することができるようになった。[26]

　ところで、ここまでのストーンの分析では、サイバー・スペースに誕生した自己は、〈物理的な身体〉をもたないものとして解釈されているようにも思われる。しかしながら、ストーンは、ヴァーチャル・コミュニティに関して、次のように言う。少し長いがそのまま引用する。

　　参加者たちは自分のエージェントに身体表象を付与することを学ぶ。そのエージェントは仮想空間のなかでほかの個体の表象とともに存在する。彼らは覚醒したままでの明晰な夢見といえるような状態になれはじめている。それは読書のような状況にちかいが、その読書は活動的でインタラクティブな性質をそなえている。また、それは参加型の社会実践であり、読者の行為がその夢想や書物の世界のなかで一定の結果をもたらすのである。読書に関するむかしながらのたとえが、共感的で、インタラクティブで、触感的なテクスト空間のなかで変容する。それが銘刻の作業、すなわちマイクロプロセッサーのコード生成をとおしておこなわれるのである。社会と「自然」とのあいだ、そして、生物学とテクノロジーのあいだの境界がひろく融けあう。この点こそ最新のヴァーチャル・システムがもつ共有空間の特徴である。[27]

ストーンのこの議論が示唆しているのは、ヴァーチャル・システムのなかに現れた自己は身体表象を付与されるようになっているのだが、その身体表象を付与された自己はインタラクティブで、共感的で、触覚的な経験をしている、ということである。そして、その経験は、社会と「自然」の間の境界線、生物学とテクノロジーの間の境界線が溶け合うような経験である。つまり、ストーンは、サイバー・スペースのなかの自己を、〈物理的な身体〉から解き放たれたものとは捉えていない。むしろ、〈生物学的に把握された身体〉が再構成された身体に支えられたものと捉えているのである。

　一方、ストーンによれば、「ウィリアム・ギブスンの小説のイメージに促されうみだされたサイバー・スペース研究者による著作の多くは、意識がネットワークにアップロードされるやいなや、人間の身体は「肉」、つまり、廃物となる（obsolete）ことを仮定」しており、また、「サイバー・スペースの開発者は、身体について忘却してしまうような時代を予見」している。[28]

　確かに、ダビッド・トマス（David Tomas）は、サイバー・パンクに関する論文で、サイバー・スペースへの"没入（ジャッキング・イン）"を「意識から身体が離れる瞬間的な通過儀礼である」とし、「その脱身体化した人間の意識は、このグローバルな情報のマトリックスという広大な電子的精神空間を横断することができる」と論じる。[29]

　また、ダナ・ハラウェイ（Donna J. Haraway）は、巽孝之との対談で、ギブスンの作品そのものではなく、その流通・消費形態を、「限界からの逃走を賛美し具象を欠いた抽象を賛美している」と評しており、[30]少なくとも、サイバー・パンクの受容が、肉体から離脱した意識の世界としてのサイバー・スペースを賛美するものだったことがうかがえる。

　サイバー・スペースのなかに現れた自己の経験は、一体、どの

ようなものなのだろうか。身体を離脱したものなのか、それとも、〈生物学的に把握された身体〉が再構成された身体に支えられたものなのか。前述のように、ストーンは、サイバー・スペースのなかで我々が経験する自己は〈物理的な身体〉を離脱したものではないと考えていると解釈できるのだが、少なからぬ論者がこうしたストーンの考えを支持する立場にいると言える。(31)

その代表的な論者は、先に取り上げたハラウェイだろう。ハラウェイは、「自然」は単に文化の対立項ではなく、それ自身が「文化」という言説の産物であることを明らかにしつつ、一方で、身体の物質性を消去することなく、「物質主義」に忠実な「アイロニカルな政治神話」として「サイボーグ」というイメージを提示している。(32)

さらに、ゲーム・プレイヤーに関する著作を著しているジョン・ドヴェイ（Jon Dovey）とヘレン・W・ケネディ（Helen W. Kennedy）は、ハラウェイの「サイボーグ」のイメージを用いつつゲームプレイの経験を分析している。(33)ドヴェイとケネディの分析によれば、ゲームプレイの経験というのは、必ずしも単に感情的なものや情緒的なものではなく、非常に物理的なものである。彼らの分析は、電子メディアのなかに立ち現れる自己は、〈物理的な身体〉から解き放たれたものではなく、〈生物学的に把握された身体〉が再構成された身体に支えられたもの、とするストーンの主張にくみするものと言えるだろう。

2　ゲームプレイにおける身体経験に関する考察

「はじめに」で述べたように、筆者はこれまで、インターネット上のジェンダー・スイッチングを通じた自己の多元化という観点から、既存のジェンダー秩序への〈異議申し立て〉がうみだされ

ていくメカニズムを考察してきた。本章では、コンピュータ世界における身体経験に注目し、そのメカニズムを分析し直すことを通じて、サイバー・スペースが出現した時代ゆえに可能となった既存のジェンダー秩序への〈異議申し立て〉とはどのようなものなのかを明らかにすることを課題としている。そうした課題に取り組むに際しては、同様にゲームプレイに注目しつつ、サイバー・スペースのなかに現れた自己の身体経験を分析するドヴェイとケネディの研究は示唆に富む。そこで、本節では、ドヴェイとケネディの分析から、サイバー・スペースを介した自己の多元化を通じて既存のジェンダー秩序への〈異議申し立て〉がうみだされていくメカニズムに関し、どのような知見を引き出すことができるのかを探り、サイバー・スペースが出現したがゆえに可能となったその〈異議申し立て〉のあり方を明らかにしてみたい。

　ドヴェイとケネディの分析は、他の種類の文化的な経験を分析するメディア・スタディーズでは解釈しきれないがゆえに試みられるようになったニュー・メディア・スタディーズの方法論を導入したものである。その方法論の一つが、サイバネティックス（cybernetics）である。サイバネティックスとは、「人間の主体（subjectivity）は、もはや技術的領域から離れて、あるいは、区別されたものとして形成されるのではなく、諸技術と人々の間の深く結びついた関係性を通して形づくられるという考え」(34)である。また、ドヴェイとケネディは、主体にとっての経験の意味を記述する現象学の理論を導入し、ゲームプレイを理解するに際してプレイヤーの「経験」を重視する(35)。この二つの方法論の導入によって、ドヴェイとケネディの議論は、サイバー・スペースのなかの自己の身体がどのように経験されているかを具体的に分析するものになっている。

第5章　サイバー・スペースの自己と身体に関する考察

ゲームプレイにおける身体経験

「現象学的な問いはユーザーがそれによって身体的にヴァーチャル・ワールドにつながれていると感じる"現前"の感覚を析出する」。ドヴェイとケネディは、まず、マリー゠ローラ・ライアン(Marie-Laure Ryan)の前述の言葉を引き、ヴァーチャル・ワールドにおける身体と主体性の問題を考える理論家にとって、モーリス・メルロ゠ポンティ(Maurice Merleau-Ponty)の「意識の身体化された性質」という主張、すなわち、感情と知覚は身体化されており、単なる"心的な状態"ではない、という主張が重要な出発点になるとする。ドヴェイとケネディによれば、その理論的出発点は、「"ヴァーチャル・リアリティ"の経験をするとき、我々は、身体化された主体であること」、また、「ヴァーチャル・スペースにおいて、我々は、インターフェイスとアバターを通じて、再身体化し現前と行為主体(agency)の感覚を得ていること」を我々に理解させるものである。

この「意識の身体化された性質」を出発点とするドヴェイとケネディは、サイバー・スペースを介したゲームプレイの経験について、次のような二つの側面を考える必要があると言う。

一つ目は、様々なテクノロジーと相互作用するプレイヤーの物質的で、状況に置かれた身体という側面である。ゲームプレイは、我々を、熟達した適切な仕方で扱わなければならない物理的な物体(ワイヤー、ボックス、コンピュータ、カーソル、ゲームセンターのゲーム機など)との関係に巻き込む。ゲームプレイは、触覚的で運動感覚をともなう経験なのである。そのプレイヤーの状況に置かれた身体について考える際には、我々は、プレイヤーの文化的・社会的コンテクスト、テクノロジー上の能力・適性について考えなければならない。これらのどれも、ゲーム装置の物質性に関わるプレイで重要な役割を果たす。また、プレイをする空間と

時間についても考えなければならない。どんなにゲームに没頭していようとも、どんなに時間の経過に注意を払っていなかろうとも、身体は常に空間と時間のなかにあるのである。

　二つ目は、ゲームそれ自体のなかで、我々が再身体化される仕方である。ゲーム世界内での我々の行為・経験・進歩を、プレイヤーとしての我々にフィードバックするために、ゲームによって様々な手段が用いられている。このフィードバックは、獲得ポイントから、カーソル、2Dアニメ画像、あるいは、3D表象まで何でもありうる。これらのフィードバック・システムのループは、我々が、プレイヤーの行為、および、非常に特殊な経験の身体化であるアバターに対し、適切な認識を与えることを要求する。我々はまず、ゲームの経験がいかに感覚的な経験（視覚、音、空間の感覚を含む）としてうみだされるか、そして、そのゲームの"コード"がいかにアバターに出会った最初の瞬間からプレイヤーをゲームの世界へと組み込んでいくかに注意を払わなければならない。アバターは、やがて新たなレベルへのアクセスやパワーアップなどの様々な方法を通して徐々に、ゲームプレイという経験における身体となっていくのである。

　ドヴェイとケネディによると、この二つの側面は、分析的には区別することができるが、ゲームプレイのサイバネティックな性質のため、連続的で補完的なものであり、正確には区別ができない。[41]言い換えれば、ゲームプレイを、サイバネティックスとして理解することによって、相互作用性とプレイヤーの行為主体性（agency）を完全に相互依存的なネットワークとエネルギーの流れという観点から見直すことができる。プレイヤーはゲームの外部にいるのではないし、またゲームはプレイヤーの外部にあるのではない。両者とも、情報とエネルギーの流れのループの一部である。ゲームでは、アバターはプレイヤー側のアクションなくしては動かないので、その意味でプレイヤー側への依存性を証明し

ている。一方、アバターのうちにコード化されている能力・限界・可能性は、我々の活動の形式や範囲を決定していることも強調されなければならない。しかし、絶え間ないフィードバックのループのなかにあるネットワークにおいて行為主体性をともなうことにより、アクションとリアクションは相互依存的になっている。この機械とコードと身体の循環の複雑さは、多くの人が関わるゲームであるほどさらに増していく。個々人のプレイヤーは、ゲームプレイが進むことによるフィードバックのなかでお互いのアクションに反応する。ゲームをプレイする間、個人と機械は切り離すことはできないが、テクノロジー化された身体とその快楽の循環のなかにアクションとリアクションが起こるのは参加者による集合的なプロセスにおいてなのである。

　ところで、ドヴェイとケネディの考えでは、アバターと機械とプレイヤーというこの「"新たな生理的"存在」は、サイボーグとしてのプレイヤーを構成している。彼らによれば、「我々は、啓蒙主義的な伝統に基づく安定していて境界の確かな主体というのを、プレイヤーとゲームの間の境界の融解という観点から見なければならない。ゲームプレイでは、まさに、切り離しがたくどちらにも還元できない状態でプレイヤーとゲームが存在しているのである」。

　ドヴェイとケネディは、プレイヤーのサイボーグ状況を次のようにも説明している。彼らの見るところでは、まず、プレイヤーは、ゲームによって期待され好まれる様々な身体的な能力に適応しなければならない。両手をコントローラーと協調させなければならないし、特定のゲームのアクションに対応しコントローラーのボタンを押さなければならない。プレイヤーは、プラスティックやゴムの不慣れな道具に触れ扱うことに慣れなければならない。サイバネティックなフィードバックを現実化させるためには、これらの物体や障害物を適切に扱えるような身体的行動や適性が必

要となる。そして、これらのサイバネティックなプロセスは、空間と時間という物質的な文脈のなかで起こるものである。また、触覚的・聴覚的・視覚的な刺激の結合を通じて、身体化された経験がプレイヤーにフィードバックされ、ゲームのなかに"いる"という感覚をもたらす。プレイヤーがゲームの経験を語るとき、私はそこに行った、私はそうした、など一人称を用いる。フィードバックのループは、文字どおり、我々に、ゲームのなかに"いる"という感覚を与えている。このように、触覚的・聴覚的・視覚的なフィードバックは、ゲームプレイという特殊なジャンルの特徴を理解するために不可欠な要素なのである。

　さらに、ドヴェイとケネディは、このようなプレイヤーのサイボーグとして経験を、「パフォーマンス」という概念を用いて説明する。彼らによれば、経験を積んで熟練したプレイヤーにとって、ゲームプレイというのは、「非常に巧みなサイボーグ的なパフォーマンス」を呼び起こす。彼らは、「ゲームプレイというパフォーマンスは、操作の巧みさ、インターフェイスのコントロール、タイミング、記憶と優雅さが入り交じったプロセスである。この点において、様々な仕方でプレイしうるようにソフトウェア内に組み込まれたデータの総量である、ゲームという"テキスト"は、パフォーマンス理論家リチャード・シェクナー（Richard Schechner）によって提示された定義に似通ってくる」と言う。すなわち、「そのテキストは、行為への鍵として理解できるもの」なのであり、「どのゲームも、ゲーム環境によって提供されるセット、キャラクターや粗筋を用いたパフォーマンスなのである」。

ゲームにおける身体経験とジェンダー秩序への〈異議申し立て〉

　ドヴェイとケネディによるゲームプレイの現象学的およびサイバネティックな分析が示しているのは、ゲームプレイの経験は非

常に〈物理的なもの〉であり、しかも、ゲームプレイでは様々なインターフェイスやアバターを通じた再身体化がおこなわれているということである。ところで、ドヴェイとケネディによれば、テクノロジー化された身体と自己の結び付き、すなわち、〈サイボーグとしての自己〉という経験は、他の種類のテキスト消費や遊びからゲームプレイを明確に区別する特徴である。⁽⁴⁵⁾

これらのことは、サイバー・スペースを介した自己の多元化に拠って立つ既存のジェンダー秩序への〈異議申し立て〉においては、ストーンが言う〈特権化された身体〉ではない身体、つまり、〈生物学的に把握された身体〉とは異なる身体の経験こそが、重要な意味をもっていることを示唆しているのではないだろうか。言い換えれば、サイバー・スペースにおいて立ち現れた自己が再構成された〈物理的な身体〉に支えられていることこそが、サイバー・スペースを介した自己の多元化に拠って立つその〈異議申し立て〉の決定的な要素となっていることを示唆している、と考えられるのである。

実際、ドヴェイとケネディは、ゲームプレイのなかでパフォーマンスする"異質なサイボーグとしての自己"がもつ重要な人格的・社会的・文化的意味について次のように論じている。⁽⁴⁶⁾彼らによれば、リアル・ライフで課せられるのとは異なるルールによって具体的表現や可能性が規定されるため、ゲームプレイのサイバネティックなプロセスによって可能になった、サイボーグとしてパフォーマンスする自己は、しばしば、我々に、異質な主体性（subjectivities）⁽⁴⁷⁾を探求する機会と異質な経験に関わる機会を与える。彼らは、マルチプレイヤー・ロールプレイングにおいては、既存のヒエラルキーのない世界を想像することができ、また、民族、ジェンダー、階級、障害などには関係なく、技術的能力にのみ基づいて参加が可能になるという経験ができると言う。さらには、彼らは、T・L・テイラー（T. L. Taylor）の女性プレイヤーの

研究を参考にしつつ、ゲーム空間へのアクセスは、彼女らの日常生活では必ずしも経験することができない"動きの自由"、すなわち、行為主体およびコントロールの感覚を経験できる手段になっている、と述べるのである。

こうした議論では、サイバー・スペースを介した自己の多元化が既存のジェンダー秩序への〈異議申し立て〉を可能にする大きな契機となりうることがはっきりと示されている。サイバー・スペースに出現した〈自己〉は、現実生活において〈生物学的に把握された身体〉と結び付けられることによって課されている制約から解き放たれた自己でありうる。そして、このような〈自己〉は、現実生活の自己のなかに浸透し、〈異議申し立て〉を可能にする。すなわち、その〈自己〉の出現ゆえに、〈女性〉は〈女性〉だけではありえなくなる。〈他者〉、この場合〈男性〉の現前が、〈私〉が完全に〈私〉、この場合〈女性〉であることを妨げるがゆえに、既存のジェンダー秩序への〈異議申し立て〉を可能にするのである。

また、この〈自己〉は、〈脱身体化された意識〉ではない。現実社会のジェンダー秩序に異議を申し立て、それを改編する可能性をもつ〈自己〉とは、〈機械〉との境界が融合して再構成された〈身体〉、その〈身体〉に支えられた〈サイボーグ自己〉にほかならない。この〈機械〉との融合により再構成された〈身体〉の経験は〈生物学的に把握された身体〉とは異なる身体経験の可能性を明らかにするものである。すなわち、サイバー・スペースを介して現れた〈サイボーグ自己〉の身体経験は、〈生物学的に把握された身体〉と結び付けられることによって課されている制約どころか、その制約を生じせしめている〈生物学的に把握された身体〉という枠組みそのものの問い直しを可能にするのである。

あるいは、サイバー・スペースに現れた〈サイボーグ自己〉は、〈生物学的に把握された身体〉が、もはや〈真理〉や〈ありのま

まの現実〉を映すものではなくなっているような経験をしていると言ってもいいだろう。そのような経験は、〈生物学的に把握された身体〉を拠りどころとする自己ばかりではなく、〈生物学的に把握された身体〉という枠組みそのものが、我々の相互行為を通じて形成される「知の一形態[48]」、すなわち、〈社会的に構築されたもの〉にすぎないという認識をもたらし、そうした認識は身体の無限の解釈可能性を切り開くと考えられるのである[49]。

かくして、ドヴェイとケネディのゲームプレイの分析に基づくとき、〈再構成された身体〉の経験をもつ〈自己〉の誕生はサイバー・スペースを介した自己の多元化と必ずしもサイバー・スペースを介しない自己の多元化とを分かつものであり、その〈自己〉が〈生物学的に把握された身体〉以外の身体の解釈可能性と結び付いていることこそが、サイバー・スペースが出現した時代ゆえに可能となった既存のジェンダー秩序への〈異議申し立て〉を特徴づけている、と言えるのではないだろうか。

もちろん、サイバー・スペースを介したものであってもなくても、様々なテキストが、その文化的空間において現れる自己を自身のものとしてイメージすることを可能にしてきた。実際、〈サイボーグとしての自己〉のイメージをいち早く具象化してきたのは、小説であり、マンガや映画だったと言っていいだろう[50]。〈サイボーグとしての自己〉は、必ずしもサイバー・スペースを介することがない小説、マンガや映画などの様々な形式によって表現されてきており、社会的にも認知されるようになっている。

しかしながら、その〈自己〉が、〈生物学的に把握された身体〉が再構成された〈身体〉を〈経験〉するに至るには、サイバー・スペースの出現を待たなければならなかったのではないだろうか。確かに、小説やマンガを読む、映画を観るといった経験を通じて現れる自己も、現実生活の自己のなかに浸透して〈重層的決定としてある曖昧で多義的な自己〉をうみだし、その自己の多

元性は、既存のジェンダー秩序とそのもとに形成される自己が、本質や自然などではなく、〈社会的に構築されたもの〉にすぎないという認識をもたらしてきた。それに対して、ゲームプレイなど、サイバー・スペースを介して出現した〈自己〉は、〈生物学的に把握された身体〉とは異なる〈身体〉を〈生きられた経験〉としてうみだしつつある。つまり、〈身体〉と〈機械〉との既存の境界線が融解した〈サイボーグ〉は、物理的世界に〈現前〉しているのであり、その意識は〈身体化〉されているのである。再構成された〈身体〉の経験をもたらし、それがゆえに、既存のジェンダー秩序とともにそれと結び付けられている〈生物学的に把握された身体〉の問い直しをも呼び込むという点は、サイバー・スペースが出現した時代ゆえに可能となった既存のジェンダー秩序への〈異議申し立て〉のあり方と考えられるのである。

おわりに

　これまでと同様、本章でも、サイバー・スペースに現れる〈自己〉が、既存のジェンダー秩序への〈異議申し立て〉において重要な契機となることが確認できた。もちろん、サイバー・スペースを経験するすべての人において、本章で示したような〈自己〉と〈身体〉の経験が生じていると言うことはできないだろう。しかし、今日のゲーム研究を見るかぎり、そのような経験を垣間見ることができるのである。ゲーム・プレイヤーたちは、ゲームプレイの経験を、私がそこに行った、私がそれをした、などと表現している。そこには、〈機械〉との融合により再身体化された自己、つまり、〈サイボーグとしての自己〉を一人称で捉えることをいとわないゲーム・プレイヤーの姿があると言える。ハラウェイが提示した「サイボーグ」というメタファーを忠実に生きる自

己が、サイバー・スペースに立ち現れ始めていることは否定しえないだろう。

「はじめに」で述べたように、サイバー・スペースの経験を通じたジェンダー秩序改編の可能性については、その経験には既存のジェンダー秩序を維持・強化する側面があることから、悲観的な見方をする向きもある(51)。また、技術的な能力が既存のジェンダー秩序に規定されてしまう側面があることも無視できないだろう。しかしながら、我々は、既存のジェンダー構造をただ反復しているわけではない。具体的で歴史的な実践のなかに、既存の構造の改編可能性は現れる。ハラウェイの「サイボーグ」も、具体的で歴史的な実践のなかで現れるものである。そして、日常生活の〈私〉のなかに入り込み始めた〈サイボーグ自己〉の〈生きられた経験〉が再構築する社会関係も、具体的な歴史的実践のなかで現れるものである。

　ハラウェイは「もはやフェミニズム内部の安易な反科学指向は何の役にも立たない。そんなものより科学文化のほうが何倍か楽しいのですから(52)」と言う。先のような悲観的側面への〈警鐘〉はともすると、安易に「科学文化」に背を向ける姿勢をうみだしかねない。どんなに悲観的な側面があろうと、ハラウェイが言うように、「科学文化」が、〈楽しさ〉ゆえに、我々を捉えて離さないのであるとするならば、我々の課題は、その「科学文化」に背を向けることではなく、〈サイボーグ自己〉が呼び込むジェンダー秩序の問い直し、さらには、その〈サイボーグ自己〉が再構築する社会関係に光を当てていくことではないだろうか。〈サイボーグ自己〉の経験に光を当てることは、必ずしも、その自己が現れる時と場所の予測にはつながらないだろう。しかしながら、既存のジェンダー構造の反復ではない実践の可能性を明らかにする営み自体が、そうした可能性に期待を寄せる人たちを「科学文化」に積極的に関わらせることになり、そのような人たちの関与が増

えることがまた、「科学文化」が既存のジェンダー構造の反復ではない実践をうみだす可能性を高めていくと思われるのである。「科学文化」を我々の生活からなくすことができないとするならば、より建設的なのは、「科学文化」がもつそうした可能性への期待を高め、その期待を通じて「科学文化」がもつ可能性を現実のものとしていくような試みなのではないだろうか。

注
（１）Poster, *op. cit.*〔前掲『情報様式論』〕; Ess, op. cit., pp. 197-230; 前掲「インターネット時代の情報倫理学」 3 ―48ページ
（２）Herring, op. cit., pp. 115-145.
（３）Adams, op. cit., pp. 147-170.
（４）Turkle, *op. cit.*
（５）第２章の注（７）を参照のこと。
（６）本章では、後述のアルケール・ロザンヌ・ストーンに従い、「主体」を「自己」の言い換えとして扱う（Stone, *op. cit.*, pp. 84-86.〔前掲『電子メディア時代の多重人格』121―124ページ〕）。
（７）Laclau and Mouffe, *op. cit.*, pp. 114-117.〔前掲『ポスト・マルクス主義と政治』184―187ページ〕
（８）*Ibid.*, p. 111.〔同書179ページ〕
（９）*Ibid.*, p. 125.〔同書199ページ〕
（10）Stone, *op. cit.*, p. 34.〔前掲『電子メディア時代の多重人格』48ページ〕。以下、引用などの日本語訳やその表記はおおむねこの訳書に従ったが、筆者の判断で変更した個所がある。
（11）水野勝仁「インターフェイス再考――マウスとメタファーとを結びつけるヒトの身体」「社会情報学研究」第13巻第１号、日本社会情報学会、2009年、43―57ページ
（12）同論文50ページ
（13）同論文55ページ
（14）Stone, *op. cit.*, p. 88.〔前掲『電子メディア時代の多重人格』126ページ〕

(15) *Ibid.*, p. 89.〔同書127ページ〕
(16) *Ibid.*, pp. 96-97.〔同書138ページ〕
(17) 本章では、agency という語に〈行為主体性〉、あるいは、〈行為主体〉という訳語を当てた。これは、竹村和子がジュディス・バトラーの agency という概念に対して「行為体」あるいは「行為性」という訳語を当てたのを参考にしている（Judith Butler, *Gender Trouble: Feminism and the Subversion of Identity*, New York: Routledge, 1990.〔ジュディス・バトラー『ジェンダー・トラブル——フェミニズムとアイデンティティの攪乱』竹村和子訳、青土社、1999年〕）。
(18) Stone, *op. cit.*, p. 90.〔前掲『電子メディア時代の多重人格』129—130ページ〕
(19) *Ibid.*, pp. 90-91.〔同書130ページ〕
(20) *Ibid.*, p. 96.〔同書138ページ〕
(21) *Ibid.*, p. 97.〔同書138ページ〕
(22) *Ibid.*, p. 97.〔同書138—139ページ〕
(23) 邦訳では「主体」と訳されているが、注（6）で述べたように、ストーンの subjectivity は〈自己〉を指すものと解釈することができる。
(24) Stone, *op. cit.*, p. 92.〔前掲『電子メディア時代の多重人格』132ページ〕
(25) *Ibid.*, p. 92.〔同書132ページ〕
(26) *Ibid.*, p. 92.〔同書132ページ〕
(27) *Ibid.*, p. 121.〔同書174ページ〕
(28) Allucquère Rosanne Stone, "Will the Real Body Please Stand Up?: Boundary Stories about Virtual Cultures," reprinted in David Bell and Barbara M. Kennedy eds., *The Cybercultures Reader*, second edition, London: Routledge, 2007, p. 452.
(29) David Tomas, "The Technophilic Body: On Technicity in William Gibson's Cyborg Culture(1989)," reprinted in Bell and Kennedy eds., *op. cit.*, p. 137.
(30) ダナ・ハラウェイ＋巽孝之「サイボーグ・フェミニズムの文

学」、ダナ・ハラウェイ／サミュエル・ディレイニー／ジェシカ・アマンダ・サーモンスン、巽孝之編『サイボーグ・フェミニズム増補版』所収、巽孝之／小谷真理訳、水声社、2001年、255ページ
(31) Donna Jeanne Haraway, *Simians, Cyborgs, and Women: The Reinvention of Nature*, New York: Routledge, 1991; Ted Friedman, "Civilization and Its Discontents: Simulation, Subjectivity, and Space," in Greg M. Smith ed., *On a Silver Platter: CD-ROMs and the Promises of a New Technology*, New York: New York University Press, 1999, pp. 132-150; Marie-Laure Ryan, *Narrative as Virtual Reality: Immersion and Interactivity in Literature and Electronic Media*, Baltimore: Johns Hopkins University Press, 2001; Jay David Bolter and Richard Grusin, "Self(1999),"reprinted in David Bell ed., *Cybercultures*, Vol. 4, London: Routledge, 2006, pp. 3-29; Jon Dovey and Helen W. Kennedy, *Game Cultures: Computer Games as New Media*, Maidenhead: Open University Press, 2006.
(32) Haraway, *Simians, Cyborgs, and Women*, p. 149.
　邦訳に、ダナ・ハラウェイ『猿と女とサイボーグ——自然の再発明』（高橋さきの訳、青土社、2000年）があるが、引用などの日本語訳は、筆者自身がおこなった。
(33) Dovey and Kennedy, *op. cit.*
(34) *Ibid.*, p. 5.
(35) *Ibid.*, p. 148.
(36) Ryan, *op. cit.*, p. 14.
(37) Maurice Merleau-Ponty, *Phénoménologie de la perception*, Paris: Gallimard, 1945.〔M・メルロ＝ポンティ『知覚の現象学』中島盛夫訳（叢書・ウニベルシタス）、法政大学出版局、1982年〕
(38) Dovey and Kennedy, *op. cit.*, p. 106.
(39) *Ibid.*
(40) *Ibid.*, pp. 107-108.
(41) *Ibid.*, pp. 108-109.
(42) *Ibid.*, p. 109.
(43) *Ibid.*, pp. 110-113.

(44) *Ibid.*, pp. 115-116.
(45) *Ibid.*, p. 109.
(46) *Ibid.*, pp. 115-118.
(47) 〈主体性〉と訳したが、ここでのsubjectivitiesは、ストーンのsubjectivityと同様、〈自己〉に相当するものと解釈している。
(48) J・W・スコット「ジェンダー再考」荻野美穂訳・解題、「思想」1999年4月号、岩波書店、10ページ
(49) 針間克己「新時代のジェンダー概念──男女二極モデルから多様性モデルへ」、深津亮／原科孝雄／塚田攻／針間克己／松本清一／阿部輝夫／金子和子／及川卓『こころとからだの性科学』(「こころのライブラリー」第1巻) 所収、星和書店、2001年、49―67ページ
(50) 永瀬唯『肉体のヌートピア──ロボット、パワード・スーツ、サイボーグの考古学』青弓社、1996年
(51) Adams, op. cit., Herring, op. cit.
(52) 前掲「サイボーグ・フェミニズムの文学」237ページ

第6章
サイバー・カルチャーにおける〈身体論的〉転回

はじめに

　ジル・ドゥルーズとフェリックス・ガタリの議論に拠って立つならば、一定の仕方で秩序化したときに覆い隠されてしまっている世界の可能性を提示するのが〈芸術〉であり、それを概念化しようとするのが〈哲学〉である。言い換えれば、既存の秩序のもとでのあり方とは異なる経験世界を捉えようとするときには、ドゥルーズとガタリが言う意味での〈芸術〉や〈哲学〉の視座が必要とされるのである。
　こうした考えについては第8章で詳しく論じるつもりだが、筆者は、サイバー・カルチャーの少なくともその一部は、まさにこのような意味での〈芸術〉として位置づけることができると考えている。そこでは、電子テクノロジーに取り囲まれて生きる我々がうみだしつつある〈身体〉経験の地平を顕在化させる試みがおこなわれていると見ることができるのである。とはいえ、そもそも、サイバー・カルチャーを定義し、その範囲を定めることは容易ではない。そこで、本章ではまず、どのようなサイバー・カルチャーの動向を、既存の秩序のもとでのあり方とは異なる〈身体〉経験の地平を顕在化させようとしているものと捉えることができるのかについて明らかにする。また、覆い隠された〈身体〉

経験の地平を顕在化させるサイバー・カルチャーでは、身体についてどのような考えが示されており、そうした考えは何をもたらすのかについて探ってみたい。

1 初期のサイバー・カルチャーと現在のサイバー・カルチャー

　前述のように、サイバー・カルチャーの範囲を定めるのは決して容易な作業ではない。サイバー・カルチャーは曖昧な複合体として発展してきていることは否めない。しかしながら、1990年代までとそれ以降とでは、サイバー・カルチャーという複合体の構成に大きな変化がうまれていると考えられる。例えば、マーク・デリーとプラモード・K・ナーヤルのサイバー・カルチャーに関する議論のなかに、その大きな変化の様子を見て取ることができる。デリーは、92年の論文で、サイバー・カルチャーの主たる領域を、夢想的テクノロジー、非主流派科学、前衛芸術、ポップ・カルチャーに分けた。デリーが挙げたこれらの四つの領域は、どちらかと言えば、サブカルチャーの位置にあるものであり、初期のサイバー・カルチャーは文化の主流ではないところで発達したと考えられる。一方、ナーヤルは、サイバー・カルチャーを、「様々なテクノロジーやメディア形式が集合し交差する電子的環境」と定義している。その際、ナーヤルは、ビデオ・ゲーム、インターネットと電子メール、個人のホームページ、オンライン・チャット、パーソナル・コンピュータ・テクノロジーなどを具体的な例として挙げている。ナーヤルの定義では、サイバー・カルチャーはもはやサブカルチャーとは言えないものになっている。両者の定義を総合するならば、サイバー・カルチャーは、現在では〈環境〉として表現されるようにもなっており、我々の日常生活を構成する文化になりつつあると言えるだろう。

そこで、本章ではまず、非主流派の文化的な動きとして登場した当初のサイバー・カルチャーと、1990年代後半以降のサイバー・カルチャーとを分け、それぞれに関してサイバー・カルチャーが身体についてどのように考えているのかを探っていきたい。なお、そのように大きく二つの時期に分けてサイバー・カルチャーを考える際には、誕生当初のサイバー・カルチャーを初期サイバー・カルチャーと呼ぶことにする。

ウィリアム・ギブスン ── 希望的近未来の希求

　さて、デリーが先に挙げた論文で最初に注目しているのは、〈サイバー・パンク〉と言われる動きである。特に、ウィリアム・ギブスン（William Gibson）の『ニューロマンサー』が取り上げられている。ギブスンの『ニューロマンサー』は、サイバー・カルチャーを論じる際には必ず言及される作品だが、その小説に描かれているのは、情報通信テクノロジーやバイオテクノロジーが高度に発達した21世紀後半である。それは近未来世界だが、そのイメージの中核にあるのは「サイバー・スペース」であった。

　「サイバー・スペース」という語はギブスンの造語である。ギブスンはそのサイバー・スペースに「脱身体化された空間」という特徴を付与したが、この特徴づけこそが、ギブスン作品で通奏低音となっている身体観を表現している。そして、ギブスンがその空間に与えた特徴は、少なくともコンピュータ・ネットワークが現実に普及するようになる前には決定的な影響力をもっていた。

　ギブスンは、『ニューロマンサー』において、サイバー・スペースを「肉体を離れた歓喜」を味わうことができる空間として描く。主人公ケイスは、「肉体を離脱した意識」をサイバー・スペースに投じて機密データを盗むカウボーイだった。しかし、雇い主からデータを盗み、その報いにカウボーイとしての能力を失う

ことになった。サイバー・スペースの「肉体を離れた歓喜」へアクセスすることができなくなることは、ケイスにとっては、「楽園放逐(8)」を意味していた。カウボーイにとって、身体は〈肉〉として見下されるものであった。ケイスは、その「肉体という牢獄」に堕ちたのである(9)。

ギブスンにおいては、サイバー・スペースは、身体から切り離された知性がデータを操作することができる空間である。そして、この非物質的な知性にとって、身体は嫌悪すべきものにほかならなかったのである。

身体からの解放の希求 —— 初期サイバー・スペースの思想

『ニューロマンサー』が描く世界は、脳とコンピュータが特殊な電極を使って接続される電脳空間が実現した近未来であり、作品としての『ニューロマンサー』は〈希望的近未来〉を描き出そうとする試みと捉えることができる。その〈希望的近未来〉とは、〈身体からの解放〉という欲望が、電子テクノロジーにより実現された世界である。しかしながら、この〈希望的近未来〉を描き出そうとする試みは、最初に述べた意味での〈芸術〉、つまり、既存の秩序のもとでのあり方とは異なる〈身体〉経験の顕在化と考えることはできない。というのも、そこには、「キリスト教、プラトン的な観念論、デカルト的な機械的世界観に遡ることができる精神と身体の分離」、そして、究極的には身体を超越した存在たることを求める思考が見て取れるからである(10)。あるいは、グノーシス主義や魔術的思考との関連も見ることができるかもしれない(11)。ちなみに、ギブスン自身も、自らの作品のうちのこのような「肉体と精神の二元論」を認識している(12)。ギブスンによれば、それはイギリスの作家D・H・ロレンス（D. H. Lawrence）の指摘に影響を受けたものである。ギブスンは、そうした身体と精神の西洋的分裂が西洋文化に無数の問題をもたらしてきているとも

述べている。いずれにせよ、その語が用いられ始めた時期のサイバー・スペースのヴィジョンは、西洋思想の伝統に深く根ざしたものなのである。

ドン・アイド（Don Ihde）は、初期サイバー・カルチャーのこうした思想をサイバー・スペースの「テクノファンタジー」と呼んでいる⁽¹³⁾。サイバー・スペースの「テクノファンタジー」とは、「身体から逃走したいという欲望」と「サイバー・テクノロジーはこの逃走を可能にするという信念」によって特徴づけられる⁽¹⁴⁾。サイバー・スペースという仮想世界には、身体とその物質的限界の超越という観念が付与されていたのである。

このようなテクノファンタジーの超越的思考を、カーリー・ハーパー（Carly Harper）とイングリッド・リチャードソン（Ingrid Richardson）は、「サイバー・スペースの肉体なき存在論」と呼んだ⁽¹⁵⁾。ハーパーとリチャードソンによれば、ギブスンのサイバー・スペースは、仮想的なシステムによって可能となる脱身体化の諸表象である。その階層的なヒエラルキーのなかでは、身体は、より低い階層にある機械として存在しており、存在論的に優越し潜在的に自律的な精神とは区別される存在である。ハーパーとリチャードソンが特に興味をもつのは、「身体は不必要である」という根底にある含意である。「サイバー・スペースの目的論」は、「身体の究極的な不必要性にほかならない」。言い換えれば、「身体なくして可能な存在様態の達成なのである」。

それを「テクノファンタジー」と呼ぶにせよ、「肉体なき存在論」と呼ぶにせよ、その語が用いられ始めた時期のサイバー・スペース、すなわち、〈希望的近未来〉として希求されたサイバー・スペースを特徴づけているのは、〈テクノロジーは、西洋思想が求めてきた、究極的な身体からの解放を可能にする〉という思考である。確かに、テクノロジーがそのような解放を可能にするという考えは、新しいかもしれない。しかしながら、その二元

論的思考、それに加え、究極的な身体超越の達成という思考は、決して新しいものではない。それは、新しい〈経験世界〉、既存の秩序によって覆い隠された世界の顕在化とは言えないのである。

　東浩紀は、1996年に書かれたギブスンの小説の翻訳『あいどる』の文庫版の解説で、ギブスンの作品に見られる未来像と情報技術観に、我々は一種の「古さ」を感じざるをえないとしている。東、そして、東と感覚を共有する人たちがそうした「古さ」を感じてしまうのは、一つには、実際にコンピュータやインターネットなどが普及した現在においては、ギブスンが描いた想像世界はもはやかつてのようにその力を発揮しなくなったことによるのだろう。しかしながら、この「古さ」はまた、ギブスンの想像力の根底にあるのが、西洋文化の伝統に深く浸透している二元論的思考であることに起因する面もあるのではないだろうか。すなわち、情報技術が日常の現実の一部となり始め、近未来世界の技術環境の夢想がめくるめく興奮を呼び起こさなくなった1990年代においては、ギブスンの作品のうちにある〈脱身体思想〉が前面に現れてくるようになったことに、その要因の一端があるように思われるのである。

サイバー・カルチャーの現在

　ここまでは、初期サイバー・カルチャーが、身体に対してどのような考えを示してきたかを明らかにしてきた。ところで、最初に述べたように、ナーヤルは、サイバー・カルチャーを、「様々なテクノロジーやメディア形式が集合し交差する電子的環境」と定義し、ビデオ・ゲーム、インターネットと電子メール、個人のホームページ、オンライン・チャット、パーソナル・コンピュータ・テクノロジーなどを具体的な例として挙げている。また、ギブスンによってつくられた〈サイバー・スペース〉という語は、現在では国語辞典にも掲載されるまでに普及・定着した語となっ

ており、「コンピューター-ネットワークなどの電子メディアの中に成立する仮想空間。特に人間の身体知覚と電子メディアが接合して生まれるメディア環境」などの説明がなされている。これらの定義や説明の仕方は、前節でも述べたように、1990年代後半以降コンピュータ・ネットワークが現実の生活のなかに入り込んできたことに対応していると言える。

　このような電子テクノロジーをめぐる環境の変化にともない、我々と我々の電子的環境をつくりだしているメディアとの関係は、「アクティブなオーディエンス」「解釈」「鑑賞」「表象」「中心のあるメディア」などの用語のみならず、「相互的なユーザー」「経験」「没入（immersion）」「シミュレーション」「ユビキタスメディア」などの用語によって理解されるものとなりつつある。そして、そうしたメディアとの関係性に基づいてうみだされるサイバー・カルチャーは、電子テクノロジー社会に生きる我々がいままさにうみだしつつある身体解釈を顕在化させる試みとしての意味合いを帯びつつある。例えば、オーストラリアのパフォーマー、ステラーク（Stelarc）は、ジョアンナ・ジリンスカ（Joanna Zylinska）とグレイ・ホール（Gray Hall）によるインタビューで、自身がパフォーマンスで表現している「テクノロジーに侵食された身体」は、「私たちが、常に、すでに、そうなっているもの」であると論じている。こうした論評を見るかぎり、サイバー・カルチャーは、電子テクノロジーが深く入り込みつつある社会に生きる我々が、身体をどのように捉え始めているかを示す試みを含みながら展開し始めていると言えるだろう。

2　サイバー・カルチャー研究の新たな動向

　前節では、現在のサイバー・カルチャーにおいては、電子テク

ノロジー社会に生きる我々が身体をどのように捉え始めているかを示す試みが、重要な位置を占めつつあることを明らかにした。

一方、サイバー・カルチャーの研究も、1980年代から90年代の初めには、初期サイバー・カルチャーの〈脱身体思想〉に焦点を当ててきた。ダビッド・トマスやデリーの研究がその例である。しかしながら、90年代後半以降は、サイバー・カルチャーのうちの新たな動向に注目して、例えば、ゲーム・プレイヤーの〈身体〉経験を分析する研究が出てきている。また、デジタル・パフォーマンスが表現する身体解釈について論じられるようにもなってきている。そこで、この節では、近年のサイバー・カルチャー研究が、サイバー・カルチャーの新たな動向が示唆する身体の理解をどのように概念化してきているかを探ってみたい。

アルケール・ロザンヌ・ストーンの議論

第5章で見たように、サイバー・スペースのなかの自己の誕生を身体との関連でいち早く論じたのは、アルケール・ロザンヌ・ストーンである。ストーンは、その著作で、コミュニケーション・テクノロジーの歴史を「自己と身体のあいだの緊張と、そのインタラクションや分離や融合の戯れ」という観点から扱い、サイバー・スペースのなかに誕生した自己と身体のあり方を分析する。

ストーンは、「物理的に近接しうる諸身体と諸自己を媒介するテクノロジー、つまり、「インターフェイス」」という観点から、自己と身体の結び付き、および、その結び目のほころびに関し、次のような歴史的分析をおこなう。電子コミュニケーション以前、行為者（agent）は、その行為者の「封印のついたテキスト」を介して近接性を維持し、「テキストにこめられた行為主体性（agency）」は、人間の代理者を通じて補強することができた。それに対し、電子的な会話が出現した時代、つまり、電話の時代、

近接性はテクノロジーを介して維持されたが、行為主体の姿は見えなくなった。しかしながら、電話で他人と話していることを当然と感じるようになると、特定の境界線をもった単一の行為主体性が声に依拠しつつ存在しているという確信がもてるようになり、次第に近接性の意味が再構成されていったのである。

ストーンはまた、その「特定の境界線をもった行為主体」について、「政治的、認識論的、生物学的なユニット」で、「測量可能で定量化できるのみならず、本質的に「決まった場所に」実在している」と解されるものだったと述べる。ストーンによれば、個々の社会行為者は物理的な位置を規定する地形学的な座標に固定されるようになったのだが、地形学的に固定された身体が政治的認証や政治的行為の場として特権化されたのは、ただそうした身体の現前(presence)によるのではなく、むしろ、その身体が行為主体のそもそもの場である「社会的に構成された自己」と結び付けられたからなのである。

ストーンが見るところでは、声に依拠した電子的な会話の時代には、その正当化された身体がテクノロジーを通して現れることで行為主体の近接性が果たされたのだが、やがて、行為主体は、声にではなく、声の図像的な表象に依拠するようになっていった。ストーンは、図像的な表象に依拠する電子テクノロジーによって行為主体が顕現できるようになったことの意味の帰結に関して次のように分析する。そうした行為主体の顕現が意味したことは、行為主体と特権をもつ身体との関係がより構築的(discursive)なものになっていったということであった。そして、行為主体と特権をもつ身体との関係が構築的なものになることにより、結果として、ネットのヴァーチャルな空間に何の問題もなく生息する主体(subjectivity)〔＝自己〕が誕生した。かくして、我々の目の前に、最初のヴァーチャル・コミュニティが出現するに至ったのである。

ストーンは、他の個所では、「身体の物理的な地図と身体に宿る我々の経験を社会的に媒介されたものと考えるならば、身体に宿る主体の「場所」を社会的に媒介されたものとして想像することは難しくはなくなる」と述べる。我々は、「「物理的」な場所ではなく、社会的領域、あるいは、経験能力という観点」から自己を考えることができるようになり、それまで「身体論が拠りどころとしてきた身体から「独立」した象徴交換の体系、すなわち、情報テクノロジーのなかでの主体（subject）の構築を考える」ことができるようになったのである。

　以上のように、サイバー・カルチャー研究は、コミュニケーション・テクノロジーの歴史の分析を通じて、状況に応じ様々な形を取る自己と身体の相互作用、そして、結び付きと分離の様子に目を向けることにより、情報交換のネットワークを特権化された身体の移動とは異なる位相で移動する自己、すなわち、特権をもつ身体が除かれた空間で移動する自己を理解することができるようになった。ところで、ここまでのストーンの分析では、サイバー・スペースに誕生した自己は、〈物理的な身体〉をもたないものとして解釈されているようにも思われる。しかしながら、ストーンは、サイバー・スペースのなかの自己を〈物理的な身体〉から解き放たれたものとは捉えていない。むしろ、〈生物学的に把握された身体〉が再構成された身体に支えられたものと捉えている。最新のヴァーチャル・システムがもつ共有空間の特徴としてストーンが示唆するのは、身体表象を付与されたヴァーチャル・システムの自己はインタラクティブで、共感的で、触覚的な経験をしているということであり、また、その経験は生物学とテクノロジーのあいだの境界線が溶け合うようなものだということである。

　一方、ストーンによれば、「ウィリアム・ギブスンの小説のイメージに促されうみだされた、サイバー・スペース研究者による

著作の多くは、意識がネットワークにアップロードされるやいなや、人間の身体は「肉」、つまり、廃物となる（obsolete）ことを仮定」しており、また、「サイバー・スペースの開発者は、身体について忘却してしまうような時代を予見」している[37]。

例えば、トマスは、サイバー・パンクについての論文で、サイバー・スペースへの"没入（ジャッキング・イン）"を「意識から身体が離れる瞬間的な通過儀礼である」とし、「その脱身体化した人間の意識は、このグローバルな情報のマトリックスという広大な電子的精神空間を横断することができる」と論じる[38]。また、ダナ・ハラウェイは、巽孝之との対談において、ギブスンの作品そのものではなく、その流通・消費形態を「限界からの逃走を賛美し具体を欠いた抽象を賛美している」と評しており[39]、少なくとも、サイバー・パンクの受容には、肉体から離脱した意識の世界としてのサイバー・スペースの賛美を見て取ることができる。

しかしながら、ストーンが、サイバー・スペースのなかで我々が経験する自己を、〈物理的な身体〉を離脱したものと捉えてはいないことは前述のとおりである。そして、第5章で述べたように、少なからぬ論者がこうしたストーンの考えを支持する立場にいると考えられる[40]。例えば、ハラウェイは、「自然」はそれ自身が「文化」という言説の産物であることを明らかにする一方で、身体の物質性を消去することなく、「物質主義」に忠実な「アイロニカルな政治神話」として「サイボーグ」というイメージを提示したのである[41]。

ゲーム・プレイヤーの経験

ゲーム・プレイヤーに関する著作があるジョン・ドヴェイとヘレン・W・ケネディは、ハラウェイの「サイボーグ」のイメージを用いてゲームプレイの経験を分析している[42]。ドヴェイとケネディの分析によれば、ゲームプレイの経験というのは、必ずしも

単に感情的なものや情緒的なものではなく、非常に物理的なものである。彼らの分析も、電子メディアのなかに立ち現れる自己は、〈物理的な身体〉から解き放たれたものなのではなく、〈生物学的に把握された身体〉が再構成された身体に支えられたものとするストーンの主張を支持するものと言えるだろう。

　ドヴェイとケネディによれば、現象学的方法は、「ヴァーチャル・リアリティを経験するとき、我々は、身体化された主体であること」、また、「ヴァーチャル・スペースにおいて、我々は、インターフェイスとアバターを通じて、再身体化し現前（presence）と行為主体（agency）の感覚を得ていること」を我々に理解させる。ドヴェイとケネディによるゲームプレイの分析が示しているのは、ゲームプレイの経験は非常に〈物理的なもの〉であり、"没入"と理解される経験はギブスンが『ニューロマンサー』において想定したような脱身体化されたものではない、ということである。それは再構成された〈物理的な身体〉に支えられた経験である。言い換えれば、今日のゲーム研究は、サイバー・スペースという仮想世界は、もはや精神／身体の二元論的思考によって特徴づけられるものではないことを示しつつあると言える。今日のゲーム研究は、サイバー・スペースには二元論では説明されえない〈経験世界〉が立ち現れていることを明らかにしつつあるのである。

〈芸術〉の試み

　エラ・ブライアンズ（Ella Brians）によれば、サイバー・スペースのイメージの再構築への大きな圧力がやってきたのは、芸術の世界からだった。例えば、アーティストであり理論家であるモニカ・フライシュマン（Monica Fleischmann）は、身体がテクノロジーや環境とどのように相互作用しているのかに関する現象学的研究に取り組んだ。フライシュマンは、脱身体化という理論に

反して、身体と芸術とテクノロジーの「陽気な」相互作用としてデジタル的な接続を利用した。また、「ヴァーチャル・リアリティ」のかわりに、「混合された現実」という概念を用いた。その概念はより正確に我々とテクノロジーとの関係を理解するためのものである。物理的な身体、その仮想的表象、人間の想像力、コンピュータのハードウェアとソフトウェア、それらすべてが相互に作用し合い、物質的要素と仮想的要素をもつ現実をうみだしているが、「混合された現実」という概念は、そうした我々とテクノロジーとの関係のあり方を示しているのである。(46)

　先に触れたように、電子テクノロジーを用いた様々なパフォーマンスをおこなっているステラークも、インタビューなどを通じて自身のパフォーマンスが表現しようとしているものについて論評をおこなっている。なかでも、ステラークは、「廃れた身体」といったテーゼで有名である。(47) このテーゼはときとして、「脱身体化された意識」を表現していると捉えられたりもするが、ステラーク自身はそうした捉え方を批判する。ステラークは、そのテーゼに関して「身体は形態と機能において廃れたのです。しかし、我々は身体を離脱して動くことはできません。我々は身体を無視することはできないのです」と述べる。(48)「この身体は、"物理的身体"と相対立する"私"というデカルト的劇場のなかにあるわけではない」とも言うステラークは、そのテーゼを通じて、西洋の精神と身体の二元論に抗し、身体のデザインの再考を試みているのである。(49)

　デリーはステラークのサイボーグ・パフォーマンスを、むしろ、サイバー・スペースの〈脱身体思想〉を示すものと捉えていたようだが、(50) 決してそうではなかったことは、ここまで取り上げてきたステラークの議論で明らかだろう。ステラークのパフォーマンスは、電子テクノロジー社会に生きる我々は〈身体とは何か〉という考えを再構築し始めていることを示唆していると言える。そ

のパフォーマンスは、日常生活において顕在化されないままうみだされつつある〈身体〉経験の地平を表現していると考えられるのである。

3　新たな〈身体〉経験がもたらすもの
── 身体の枠組みの再構築

　ところで、まだ十分に顕在化されてはいないが、うみだされつつある〈身体〉経験は、我々に何をもたらすのだろうか。そのような〈身体〉経験は、我々をどこにつれていくのだろうか。この問いについて完全な答えを出すことは不可能だろうが、本節では、その答えの一端を示してみたい。

　そこで、まず取り上げたいのは、第5章でも注目したドヴェイとケネディのゲーム・プレイヤーの分析である。その分析は、新たな〈身体〉経験の地平が何をもたらすのかをジェンダー秩序に即して示唆するものとなっている。

　ドヴェイとケネディによれば、ゲームプレイのなかでパフォーマンスする"異質なサイボーグとしての自己"は人格的・社会的・文化的に重要な意味をもつ。すなわち、ゲームプレイのサイバネティックなプロセスによって可能になった、サイボーグとしてパフォーマンスする自己は、しばしば、我々に、異質な主体性（subjectivities）を探求する機会と異質な経験に関わる機会を与える。そこでは、リアル・ライフで課せられるのとは異なるルールによって、具体的表現や可能性が規定されるからである。実際、マルチプレイヤー・ロールプレイングでは、既存のヒエラルキーのない世界を想像することができるばかりか、民族、ジェンダー、階級、障害などには関係なく、技術的能力にのみ基づいて参加が可能になるという経験ができる。さらに、T・L・テイラーの女性プレイヤーの研究からわかるように、ゲーム空間へのアクセス

は、彼女らの日常生活では必ずしも経験することができない"動きの自由"、つまり、行為主体およびコントロールの感覚を経験できる手段となっているのである。

　第5章で述べたように、ドヴェイとケネディのゲーム・プレイヤーの分析では、サイバー・スペースを介した自己の多元化が、既存のジェンダー秩序への〈異議申し立て〉、言い換えれば、既存のジェンダー秩序の問い直しと再構築を可能にする大きな契機となりうることが示されている。サイバー・スペースに立ち現れる〈自己〉は、現実生活で〈生物学的に把握された身体〉と結び付けられることにより課されている制約から解き放たれた自己でありうる。そして、このような〈自己〉は、現実生活の自己のなかに浸透し、既存のジェンダー秩序の問い直しと再構築を可能にする。そうした〈自己〉の出現ゆえに、〈女性〉は〈女性〉だけではありえなくなるからである。〈他者〉、この場合〈男性〉の現前は、〈私〉が完全に〈私〉、この場合〈女性〉であることを妨げるがゆえに、既存のジェンダー秩序の問い直しと再構築が可能になるのである。

　そして、現実生活のジェンダー秩序の問い直しと再構築の可能性をもつ〈自己〉は、〈機械〉との境界が融合して再構成された〈身体〉、その〈身体〉に支えられた〈サイボーグ自己〉にほかならない。この〈機械〉との融合によって再構成された身体の経験は、〈生物学的に把握された身体〉とは異なる〈身体〉経験の可能性を明らかにするものである。すなわち、サイバー・スペースを介して現れた〈自己〉は、〈生物学的に把握された身体〉と結び付けられることによって課されている制約どころか、その制約を生じせしめている〈生物学的に把握された身体〉という枠組みそのものの問い直しを可能にするような身体を経験しているのである。

　サイバー・スペースに現れるこうした〈自己〉は、〈生物学的

に把握された身体〉が、もはや〈真理〉や〈ありのままの現実〉を映すものではなくなっているような経験をしていると言ってもいいだろう。そのような経験は、〈生物学的に把握された身体〉を拠りどころとする自己ばかりではなく、〈生物学的に把握された身体〉という枠組みそのものが、我々の相互行為を通じて形成される「知の一形態」、すなわち、〈社会的に構築されたもの〉にすぎないという認識をもたらし、そうした認識は既存のジェンダー秩序を再構築する可能性を呼び込んでいくのである。

ドヴェイとケネディを例にとった本節では、ジェンダー秩序に即して議論をおこなったが、〈生物学的に把握された身体〉という枠組みそのものの問い直しは、身体の無限の解釈可能性を切り開くと考えられる。そして、身体に対する無限の解釈可能性は、ジェンダー秩序以外の〈生物学的な身体〉の把握と結び付けられた既存の秩序の問い直しと再構築を可能にしていくと考えられるのである。

本章の「はじめに」で述べたように、筆者は、既存の秩序によって覆い隠されてしまっている世界の可能性を顕在化させるのが〈芸術〉と〈哲学〉だという考えに拠って立つ。例えば、ステラークは、その身体をテクノロジーと接続することを通じて、我々は「純粋に生物学的な」身体としては存在していないことを明るみに出した。それに関連して、最後に強調しておきたいのは、それらは起源や実在など、背後にある何ものかを顕在化させるのではないということである。顕在化されるのは、世界の進行中のプロセス、その流れそのものである。そして、第4章の〈自己〉の概念の考察の際に明らかにしたことを考え合わせるならば、潜在化しており前景化されてはいない世界のあり方は、〈意味の余剰〉に支えられていると考えられる。世界を分節する我々の〈言葉〉は一義的には決まらない。常に余剰にさらされている。そこにこそ、ドゥルーズとガタリが言う「生成（devenir／

becoming)」の可能性が潜んでおり、「逃走線」が既存の地平を再構成する可能性が潜んでいると考えられるのである。ドゥルーズとガタリの「生成」と「逃走線」の概念を用いた議論は、第7章で詳しくおこなうつもりである。

おわりに

　初期サイバー・カルチャーは、〈身体からの解放〉の実現という近未来の〈ユートピア〉への希求を描いてきた。しかしながら、現在では、電子テクノロジー社会に生きる我々がいままさにうみだしつつある〈身体〉経験を顕在化させる試みがサイバー・カルチャーの重要な部分となりつつある。そして、サイバー・カルチャー研究も、そうした試みの概念化を含みながら展開するようになっている。

　サイバー・カルチャーによって顕在された〈身体〉経験は、既存の〈生物学的な身体〉とは異なる様々な〈身体〉解釈の地平をもたらすだろう。そして、それらの地平はまた、〈生物学的に把握された身体〉と結び付けられた既存の秩序を見直し改編していく可能性をうみだすと考えられるのである。

　今後は、より具体的に、既存の秩序により覆い隠されてしまっている経験世界を顕在化させる〈芸術〉を取り上げ、それらの〈芸術〉が明らかにする世界を概念化する試みを積み重ねていきたいと考えている。また、そうした〈哲学〉的分析をアクター・ネットワーク論と関連づけることも試みてみたい。

注
（1）Deleuze and Guattari, *Qu'est-ce que la philosophie?*.〔前掲『哲学とは何か』〕

（ 2 ）Dery, op. cit., pp. 501-523.
（ 3 ）Nayar, *An Introduction to New Media and Cybercultures.*, p. 2; Nayar, "Introduction", p. 1.
（ 4 ）William Gibson, *Neuromancer*, New York: Ace Books, 1984.〔ウィリアム・ギブスン『ニューロマンサー』黒丸尚訳（ハヤカワ文庫SF)、早川書房、1986年〕。以下、引用などの日本語訳は、この訳書に従った。
（ 5 ）Ella Brians,"The 'Virtual' Body and the Strange Persistence of the Flesh: Deleuze, Cyberspace and the Posthuman," in Laura Guillaume and Joe Hughes eds., *Deleuze and the Body*, Edinburgh: Edinburgh University Press, 2011, p. 121.
（ 6 ）Gibson, *op. cit.*, p. 6.〔前掲『ニューロマンサー』16ページ〕
（ 7 ）*Ibid.*, p. 5.〔同書15ページ〕
（ 8 ）*Ibid.*, p. 6.〔同書16ページ〕
（ 9 ）*Ibid.*, p. 6.〔同書16ページ〕
（10）Ella Brians, op. cit., p. 123.
（11）Erik Davis, "Techgnosis, Magic, Memory, and the Angels of Information," in Mark Dery ed., *Flame Wars: The Discourse of Cyberculture*, Durham: Duke University Press, 1994, pp. 29-60.
（12）ウィリアム・ギブスン「インタビュー『ニューロマンサー』から『あいどる』へ――ウィリアム・ギブスン自作を語る」聞き手：ラリイ・マキャフリイ／巽孝之、巽孝之編『ウィリアム・ギブスン』（「現代作家ガイド」第3巻）所収、彩流社、1997年、29ページ
（13）Don Ihde, *Bodies in Technology*, University of Minnesota Press, 2002, p. xiii.
（14）Brians, op. cit., p. 122.
（15）Ingrid Richardson and Carly Harper, "Corporeal Virtuality: The Impossibility of a Fleshless Ontology," *Body, Space, and Technology*, 2(2), 2002.（http://people.brunel.ac.uk/bst/vol0202/ingridrichardson.html）〔2012年12月12日アクセス〕
（16）東浩紀「サイバーパンクの日本が喪われた時代に――ウィリ

アム・ギブスン『あいどる』文庫版への解説」『郵便的不安たち♯』(朝日文庫)、朝日新聞社、2002年、373―379ページ
(17)「サイバースペース」、松村明／三省堂編修所編『大辞林 第3版』三省堂、2006年(「サイバースペース」「コトバンク」〔https://kotobank.jp/word/%E3%82%B5%E3%82%A4%E3%83%90%E3%83%BC%E3%82%B9%E3%83%9A%E3%83%BC%E3%82%B9-3663#E5.A4.A7.E8.BE.9E.E6.9E.97.20.E7.AC.AC.E4.B8.89.E7.89.88〕〔2013年2月18日アクセス〕)
(18) Dovey and Kennedy, *op. cit.*, p. 3.
(19) *Ibid.*
(20) Joanna Zylinska and Gray Hall, "Probings: An Interview with Stelarc," in Joanna Zylinska ed., *The Cyborg Experiments: The Extensions of the Body in the Media Age*, London: Continuum, 2002, p. 115.
(21) Tomas, op. cit., pp. 130-143; Dery, op. cit.
(22) Dovey and Kennedy, *op. cit.*
(23) Zylinska ed., *op. cit.*
(24) Stone, *op. cit.*, p. 88.〔前掲『電子メディア時代の多重人格』126ページ〕。以下、引用などの日本語訳やその表記はおおむねこの訳書に従ったが、筆者の判断で変更した個所がある。
(25) *Ibid.*, p. 89.〔同書127ページ〕
(26) *Ibid.*, pp. 96-97.〔同書138ページ〕
(27) 本章でも、第5章と同様に、agencyという語に〈行為主体性〉、あるいは、〈行為主体〉という訳語を当てた。
(28) Stone, *op. cit.*, p. 90.〔前掲『電子メディア時代の多重人格』129―130ページ〕
(29) *Ibid.*, pp. 90-91.〔同書130ページ〕
(30) *Ibid.*, p. 97.〔同書138ページ〕
(31) *Ibid.*, p. 97.〔同書138―139ページ〕
(32) 第5章と同様、ここでも、ストーンのsubjectivityを〈自己〉を指すものと解釈している。
(33) Stone, *op. cit.*, p. 92.〔前掲『電子メディア時代の多重人格』

132ページ〕
(34) *Ibid.*, p. 92. 〔同書132ページ〕
(35) *Ibid.*, p. 92. 〔同書132ページ〕
(36) *Ibid.*, p. 121. 〔同書174ページ〕
(37) Stone, op. cit., p. 452.
(38) Tomas, op. cit., p. 137.
(39) 前掲「サイボーグ・フェミニズムの文学」255ページ
(40) Haraway, *Simians, Cyborgs, and Women*; Friedman, op. cit., pp. 132-150; Ryan, *op. cit.*, Bolter and Grusin, op. cit., pp. 3-29; Dovey and Kennedy, *op. cit.*
(41) Haraway, *Simians, Cyborgs, and Women*, p. 149. 邦訳に、前掲『猿と女とサイボーグ』があるが、引用などの日本語訳は、筆者自身がおこなった。
(42) Dovey and Kennedy, *op. cit.*
(43) *Ibid.*, p. 106.
(44) Brians, op. cit., p. 125.
(45) UNESCO Digital Arts Portal, "Monika Fleischmann & Wolfgang Strauss eMuse." (http://digitalarts.lmc.gatech.edu/unesco/vr/artists/vr_a_mfleischmann.html) 〔2014年9月9日アクセス〕
(46) Brians, op. cit., pp. 125-126.
(47) Zylinska and Hall, op. cit., p. 114-130.
(48) Ibid., p. 121.
(49) Ibid., pp.121-122.
(50) Dery, op. cit.
(51) Dovey and Kennedy, *op. cit.*, pp. 115-118.
(52) 第5章にならい、ここでの subjectivities も、〈自己〉に相当するものと解釈している。
(53) 前掲「ジェンダー再考」10ページ
(54) Zylinska and Hall, op. cit., p. 114.
(55) Laclau and Mouffe, *op. cit.*, p. 111. 〔前掲『ポスト・マルクス主義と政治』179ページ〕。引用に際しては、この訳書を参考にした。

〈意味の余剰〉という概念はカルチュラル・スタディーズではよく用いられるものだが、直接的には、前掲書におけるラクラウとムフの議論を受けている。
(56) この語は、第7章で論じるように、ドゥルーズとガタリが用いた概念である（Gilles Deleuze and Félix Guattari, *Mille Plateaux*, Paris: Éditions de Minuit, 1980〔ジル・ドゥルーズ／フェリックス・ガタリ『千のプラトー――資本主義と分裂症』宇野邦一／小沢秋広／田中敏彦／豊崎光一／宮林寛／守中高明訳、河出書房新社、1994年〕;Gilles Deleuze and Claire Parnet, *Dialogues*, nouvelle édition augmentée, Paris: Flammarion, 1996〔ジル・ドゥルーズ／クレール・パルネ『対話』江川隆男／増田靖彦訳、河出書房新社、2008年〕）。

　この語は繰り返し出てくることもあり、直接の引用でも特定のページを記載しなかった。

　ドゥルーズとガタリのこの語は、「生成変化」と訳される場合もあるが、どちらかと言えば、「生成」と訳される場合が多いようである。そのため、本章では「生成」という語を当てることにした。
(57) Deleuze and Guattari, *Mille Plateaux*; Deleuze and Parnet, *op. cit.*

　引用の日本語訳は、前掲の訳書『千のプラトー』と『対話』に従った。この語も繰り返し出てくるため、特定のページを記載しなかった。
(58) アクター・ネットワーク論については、川村久美子「訳者解題　普遍主義がもたらす危機」（ブルーノ・ラトゥール『虚構の「近代」――科学人類学は警告する』所収、川村久美子訳・解題、新評論、2008年、255―320ページ）を参考にした。

第3部
これからのサイバー・カルチャー研究に向けて

第7章
生成としてのサイボーグに関する一考察

はじめに

〈サイボーグとしての自己〉をいち早くイメージとして具象化してきたのは、小説であり、マンガや映画であった。〈サイボーグとしての自己〉は、既に、サイバー・スペースを介することがない小説、マンガや映画などの様々な形式によって表現されてきており、社会的にも認知されるようになってきた。

確かに、小説やマンガを読む、映画を観るといった文化的経験を通じて現れる自己も、現実生活の自己のなかに浸透して、〈重層的決定としてある曖昧で多義的な自己〉をうみだしうる。そして、既存のジェンダー秩序とそのもとに形成される自己が、本質や自然などではなく、〈社会的に構築されたもの〉にすぎないという認識をもたらすだろう。しかしながら、その〈自己〉は、再構成された〈身体〉の経験を社会的に広くもたらしたとまで言うことは必ずしもできない。

それに対して、ゲームプレイなど、サイバー・スペースを介した自己の多元化は、〈生物学的に把握された身体〉とは異なる〈身体〉を、〈生きられた経験〉としてうみだしつつある。つまり、身体と機械との既存の境界線が融解した〈サイボーグ〉は、物理的世界に〈現前〉しているのであり、その意識は〈身体化〉され

ているのである。第5章で論じたように、再構成された〈身体〉の経験をもたらし、既存のジェンダー秩序とそのもとにある〈生物学的に把握された身体〉の問い直しをも呼び込むという点は、サイバー・スペースが出現した時代ゆえに可能になった既存のジェンダー秩序への異議申し立てのあり方と考えられるのである。

　もちろん、サイバー・スペースを経験するすべての人に、そうした自己と身体の経験が生じていると言うことはできないだろう。サイバー・スペースの経験を通じたジェンダー秩序改編の可能性については、その経験には既存のジェンダー秩序を維持・強化する側面があることから、悲観的な見解も出されている[3]。しかし、現在のサイバー・カルチャー研究を見るかぎり、ダナ・ハラウェイが提示した「サイボーグ」概念[4]を忠実に生きる〈自己〉が、サイバー・スペースに立ち現れ始めていることは否定しえないだろう。

　本章では、フランシスコ・ハビエル・ティラドー（Francisco Javier Tirado）、および、ジル・ドゥルーズとフェリックス・ガタリの議論を援用し、前述のような、既存の社会関係を再構築しうる、〈生きられた経験〉としての〈サイボーグ自己〉をより具体的に理論化することを試みたい。

1　ティラドーの議論

　本節で取り上げるのは、論文"Against Social Constructionist Cyborgian Territorializations"（1999）[5]の議論である。ティラドーの論文によれば、その議論の前提は以下のようである[6]。

　サイボーグとは、「サイバネティックス」という語と「オーガナイズ」という語の融合によって形成された新語であり、M・クラインズ（M. Clynes）とN・S・クライン（N. S. Kline）によって

つくられた。サイボーグとはメタファーであり、それは、我々がいまそうなりつつある姿について語り、私／他者、精神／身体、文化／自然、男／女、文明化された／原始的な、実在／現象、全体／部分など近代の対立物の間の境界の侵犯や昔ながらの制約を乗り越える道筋について語ることを我々は知っている。また、我々は、サイボーグは、サイバー人類学のような知の分野を発展させうることも知っている。しかし、サイボーグが侵犯をもたらし、純粋性より雑種と異種交配について語る概念であるにもかかわらず、我々は完全に雑種化しているわけではなく、また、古いアカデミックな学問あるいは支配的な概念配置の侵犯者ではない。むしろ、反対の方向に向かっているように見える。我々は、例えば、サイボーグ人類学のような特殊な学問をうみだそうとするとき、すなわち、サイボーグの想定しうる性質やそれが知をうみだす方法を描写しようとするとき、まさにそうである。我々は、サイボーグが毎日の経験のなかに入り込んでいることを研究するよりむしろ、分離したものであるかのように扱い、サイボーグの孤立を求めているように見える。この意味で、我々は、その概念にともなう近代性のカテゴリーの瓦解を肯定する以上のことをほとんど何もしていない。主な例外としては、ハラウェイの仕事があるにすぎない。

　こうした分析を受け、ティラドーは、次のような目的で論考を進める。すなわち、まず、共通に使われているサイボーグの概念を転覆させ、最終的には、サイボーグは、①メタファーではなく生成（devenir／becoming）(7)だと論じること、また、②非歴史的であり、出来事だと論じること、および、③ハラウェイの存在論としてのサイボーグという捉え方を発展させることを試みる。この他、ティラドーは、サイボーグという考えを取り入れて社会構築主義というパースペクティブを見直すことを試みているが、本章では、ティラドーのこうした論考のうち、特に、サイボーグは

「メタファーではなく生成である」という議論を取り上げる。その議論を援用することで、筆者が光を当てようとしている〈生きられた経験〉としての〈サイボーグ自己〉の概念を理論的に把握することを試みる。

「生成」としてのサイボーグ

　ティラドーの見るところでは、サイボーグはしばしばメタファーとして扱われるが、同時に侵犯の形式として作用する[8]。彼によれば、単にメタファーとして扱われることの問題は、メタファーの観念はそれ自身アナロジーの領域、そして、表象主義者の思考に属することである。すなわち、表象とは、それ自身姿を現さず、イメージを通じてだけ現れる何らかのオリジナルに従属するものを意味するのである。

　こう論じたうえで、ティラドーは次のように言う[9]。アナロジーの領域内で、サイボーグは、人間と動物の間、動物－人間と機械の間、有機物ネットワークと非生物的存在者の間、物と存在一般の間のハイブリッドによって表現される形態（figure）として我々の前に現れる。サイボーグが表象主義的思考の範囲内にあるとき、それは境界をもたざるをえない。そして、常に、それが意味を引き出すオリジナルなものに依存するだろう。アンリ・ベルクソン（Henri Bergson）によると、メタファーによる侵犯は、概念は個物に正確に似るように形成されるものだという考えに基づいて作用する。実際、不変で、安定し、一貫しており、明瞭で区別のはっきりした境界をもつ、これが西洋文化における概念のあり方である。しかしながら、サイボーグは、形態であり、こうした明確で統一的な境界を拒む概念である。サイボーグという形式は、境界の間の変動をもたらし、また、境目を揺るがすことで移動性と柔軟性をもつ境界をもたらす。メタファーとしてのサイボーグの効果は、我々に、個物とは異なるイメージをもつ概念を描

くことを強いるところにある。

また、ティラドーは、次のようにも論じる(10)。メタファーが普通にうみだすコントロールされた侵犯は、サイボーグにとって他の意味を含みもつ。それは、結局のところ、サイボーグが同質化してただ一つの同じ種へと変化し、転覆のための潜在力を失うことを意味する。メタファーは、サイボーグを存在と物との間の仲介者へと変え、サイボーグは、見たところ別の確固たる実在といった様相を呈する。サイボーグは、第三の要素として、中間的な位置に置かれ、先行する二者によって囲い込まれ、常にそれらに依存し、ある点では同じ地平上で理解される。概念は確固たるものだという考えを侵犯しているにもかかわらず、サイボーグは、最後は存在と物との単なる接点にすぎなくなってしまっている。ここから、侵犯する雑種としてではあるが、サイボーグという表象は可能である。しかし、それは依然として表象である。侵犯する雑種として表象することは確かにいいことだが、しかし、十分にいいというわけではないのである。

かくして、ティラドーは、次のように言う(11)。違ったふうにサイボーグについて考えてみよう。つまり、それらをメタファーの領域、すなわち、表象の領域から引き離してみよう。そうするならば、我々は、サイボーグの概念をより転覆的にするとともに腐食効果をもたせることができ、ひいては究極的な同質化を避けることができる。ベルクソンの論証を用いて、さらにこの点について議論を展開することができる。サイボーグというメタファーは、一種の批判の一部として用いることができるのだが、それは、他の境界間を揺れ動く中間的概念の可能性をもたらす。ミシェル・セール（Michel Serres）は、この中間的もしくは揺れ動く概念という状況あるいは可能性を、ベルクソンに従って、液体、あるいは、流動体の論理と呼んだ。流動体は、揺れ動き、変化し、多様な姿をとる。しかしながら、常にある特定の境界内においてであ

り、それらの境界線は、放縦だが乗り越えがたいため、それらの境界線の究極的な侵犯には決して至らない。サイボーグをメタファーと考えることは、我々が、それを、流動体として考える助けとなる。ところで、最終の境界線を乗り越えることは可能なのだろうか。セールの提案を追い続けるならば可能である。液体のモデルを棄て、火、とりわけ炎について考えるのである。炎のトポロジー（位相）は極度に逆説的である。炎の端はスピードに従って変化するので、それらの端が実際に存在しているのかどうか、それらがどこにあるのかを語ることはできない。突然、炎は消え、どこか他のところに移動するか、あるいは、すぐそこに現れるが、もはや同じ炎ではない。それは、連続しながら不連続である。それは、不安定以上、安定未満である。それは、秩序を与える不変性を欠くため流れとは言えない。それは、ランダムな変動であり、常に同じ炎だが、一瞬前にそうであったものとは何の関係もない。それは、予想がつかない動きをし、変化しない端、境界、縁をもたない。炎は我々を表象主義的な思考から引き離してくれるのである。

　こうした議論を受け、ティラドーは、次のように問う。サイボーグがメタファーの限界を打ち破るのだとすれば、それは何なのか。我々は、それを何と呼べばいいのか。どう理解すればいいのか。我々は、それは炎のようなものだと語ることはできる。しかしながら、それだけでは、概念なきイメージにすぎない。我々は、そのイメージに根をもちながら、固体や液体のイメージからは逃れるような概念を必要とする。

　この問いに対し、ティラドーは、炎の論理はドゥルーズとガタリによって提示された「生成」の概念に取り入れられているとして次のように答える。2人の著者にとって生成とは何なのだろうか。生成というのは進化でない。生成は、起源、類似、関係、あるいは、継承によって作用するわけではない。それは、異質な存

在の間に相互の変化をうみ、それらの間の接点と関係を確立する。生成は、多元的なものの間の諸関係を真似るのではなく、つくりだす。とするならば、サイボーグへの生成とは何を含意するのか。サイボーグとは、存在と物、主体と客体の間の交差点、中間点、あるいは、接点ではないことを意味する。それらは、強固な概念のなかにある液体的な概念ではない。サイボーグへの生成とは、休止や休息がない動きであり、存在と物、主体と客体を困難な立場に追い込むランダムなスピードをもつ動きなのである。それは、突然の出来事であり、やむことはなく、多様なスピードと力をもつ動きである。生成として、サイボーグは互いに同じだということはなく、また、自己同一性をもつということもない。二つと同じサイボーグはない。また、常に連結し消失するネットワークのなかにあり、肉と金属の単純な混合物、あるいは、生命と人工臓器の単純な混合物と考えられるような空間、あるいは、空虚な瞬間というのは存在しない。サイボーグとは、それ自身の論理をもち、終わりがない結合の動きなのである。

　ハラウェイが我々はサイボーグだと主張するのに対して、ティラドーは、我々はサイボーグになると主張する。(14)彼によれば、ハラウェイのテキストからは、我々は、時間と空間のなかで、独立し自己同一性をもつサイボーグであるかのように見える。しかし、我々は、常に違ったサイボーグになるのである。我々は、多様な関心やイデオロギーをもちながら、動物と機械の交差する点で現れる混合物となる。これらの混合物は、不変ではなく繰り返し変化する。それは、起源も目的もない身を切られるようなプロセスである。かくして、我々はサイボーグになるのである。サイボーグになることは同時に、異なる地平に参加する可能性を含む。サイボーグは、物と存在、言葉と意味の間を揺れ動く。幾層もの地平の積み重ね、終わりがない動きにおける回転がそこにはある。そして、こうした行為の論理が、サイボーグになるということな

のである。

ティラドーの議論と電子メディア時代の〈自己〉

ティラドーの議論によれば、〈サイボーグ自己〉をメタファーとして捉えるのでは不十分である。なぜなら、メタファーというのは、サイボーグを存在と物との間の仲介者へと変えるからである。サイボーグは、中間的な位置に置かれた確固たる〈実在〉といった様相を呈する。すなわち、第三の要素として先行する二者によって囲い込まれ、常にそれが意味を引き出すオリジナルなものに依存してしまうのである。

さて、一方、ここまで筆者がこれまで注目してきたサイバー・スペースの〈サイボーグ自己〉とはどのようなものなのか振り返ってみたい。

サイバー・スペースに現れる自己は、いわゆる〈生物学的に把握された身体〉が配置されるような空間と時間のなかに、明確な境界線、すなわち、〈生物学的に把握されるような〉境界線をもって現れるというわけではない。必ずしも「政治的、認識論的、生物学的なユニット」(15)が配置される地平に確固として〈実在〉する自己ではない。

しかしながら、第4章で述べたように、その〈自己〉は既存の関係性への〈異議申し立て〉を呼び起こしうる。例えば、インターネット上では、既存の不均衡な男女関係のなかにある〈女性〉とは異なる〈サイボーグ自己〉が立ち現れることが可能になる。そのため、彼女の〈自己〉は、既存の〈倫理〉のなかにある自己としてだけではありえなくなる。彼女の〈自己〉は多元化し、既存の〈倫理〉のなかにある自己は、エルネスト・ラクラウとシャンタル・ムフが言うような〈意味の余剰〉(16)にさらされた自己になる。そして、その結果、彼女のうちには、既存の〈倫理〉に対する〈異議申し立て〉がうまれる可能性が切り開かれるのである。

また、第5章では、〈サイボーグ自己〉は、様々なテクノロジーと相互作用する〈物質的で、状況に置かれた身体〉を経験する自己と考えられるが、その経験は同時に運動をともなうものであることも明らかにしてきた。それは、物理的だが、あくまで運動、言い換えれば、動きなのである。第5章ではまた、その自己を情報とエネルギーの流れのループの一部とも捉え、さらに、サイバー・スペースに現れる自己の経験を〈パフォーマンス〉という概念によっても説明してきた。例えば、ゲームプレイというのは、操作の巧みさ、インターフェイスのコントロール、タイミング、記憶と優雅さなどの入り混じったパフォーマンス、行為の遂行なのである。[17]

　こうして見てみると、サイバー・スペースの〈サイボーグ自己〉のありようは、ティラドーが論じるように、私／他者、精神／身体、文化／自然、男／女、文明化された／原始的な、実在／現象、全体／部分など近代の対立物の間の境界の侵犯や昔ながらの制約を乗り越える道筋を示すものである。しかも、その自己は、突然の出来事であり、「やむことはなく、多様なスピードと力をもつ動き」[18]にほかならない。それは、既存の秩序にとって転覆的な行為主体としての動きそのものであるがゆえに、ドゥルーズとガタリが言う「生成」の概念によって捉えるのが適切なありようと考えられるのである。

2　「逃走線」とは何か

　前節では、〈サイボーグ自己〉が境界の定まらない〈行為主体〉の産出であることを明らかにした。そうした〈サイボーグ自己〉は、いわば、「既に与えられたひとまとまりの可能性」[19]からの「秩序づけられたシークエンスの前進」[20]とは異なる「逃走線」[21]

と考えることができるだろう。〈サイボーグ自己〉は、既存の秩序にとっては破壊、破断、新しい開始、"怪物的"誕生であるがゆえに、「逃走線」という概念で捉えることができるのである[22]。

そこで、ここでは、「逃走線」という概念を用いて、〈サイボーグ自己〉のはたらきを明らかにしてみたい。

ライダー・デュー（Reidar Due）によれば、"逃走線"とは、「社会システムの内部で、内在をもっとも根源的な形で表現したものであり、社会システムに内部から影響する不安定化の力を体現したもの」である[23]。彼の考えでは、この"逃走線"は、それをうみだした原因となるものに対しても、それがうみだすプロセスに対しても未決である。それが"線"であるのは、まさに固定された始点も、中間も、終点もなく、線のように連続しているからである。それが、逃走線であるのは、"地層"のうちでこの線がつくりだす変化だけがそこで起こりうる変化だからである。

また、デューは、地層、あるいは、"層"とは、「力の構造が起こる場所」であり、「相対的な秩序」の層である、と論じる[24]。彼に従うなら、層は、環境と他の層とともに、独自の外部との往来のある多孔性の境界を確立する。層の境界は知覚できる対象の境界と重ならない。身体の細胞の一部のように比較的小さなものの場合もあるし、特定の地域で話される方言や会社の富の循環のようにかなり大きなものの場合もある。

また、デューによれば、次のような二つの秩序づけの原則の構成が地層を形成する[25]。最初の分節の水準は、単純な要素の動的相互作用で"分子的な"組織化と呼ばれる。第二の水準は種とカテゴリーに拠る秩序づけであり、"モル的な"組織化と呼ばれる。

モル的と言われる層は、厳密な二項対立形式によるカテゴリーによって分割されるのに対して、分子的と称される層は、そのカテゴリーを通じた社会編成と対立する第二の分節の層であり、人々の間のミクロの相互作用で構成される[26]。デューによれば、モ

ル的なものの層は社会的なパラメータをつくりだす。社会の領域で個人はこのパラメータで自己と他者を識別する。分子的なものの層は、社会的な空間で発生するものであり、きわめて特殊な地層と権力の"組み立て"で形成されうるが、それは相互作用であるため、分子性をそれ以前の地層や権力の条件に還元することはできない。分子性は、それ以前の区別を横切って、既存の体制と地層の間に発生しうる。分子性は、両義性の現場であり、この場所で発生するプロセスは、社会関係のモル的編成を強化する方向に進むことも、逃走線の方向に進むこともできるのである。ただし、逃走線は分子性の内部でしか力をもちえない。かくして、社会的主体は、常にモル的な決定と分子的な逃走線の可能性の間に引き裂かれた力場のうちに存在している。

　さらに、デューは、次のようにも言う。逃走線は、集団にも、その集団の1人または複数の個人にも影響する"脱領土化"である。逃走線は、相互作用と層の間の共生から始まるが、まるで寄生植物のように、時間の経過とともに個人や集団の配置と機能を完全に変えてしまうこともある。逃走線が、1人または複数の個人の地層を変形させる場合には、「生成のプロセス」と呼ばれる。

　脱領土化とは、「特定の土地や国境などへのあらゆる依存から離脱する運動」を言う。脱領土化においては、「主体はその個人的アイデンティティを次第に失うようになり、いかなる特定の機能からも社会的な地位からも離脱し始める」。また、「この地層は、脱領土化する力によって未規定なものとなるのであり、この力は地層を分解させることもある」。すなわち、すべての脱領土化が逃走線であるわけではないが、それが地層全体や地層の組み立てに影響するとき、逃走線となりうるのである。

　また、組み立ては、「力」との関連で理解されなければならない。デューによれば、組み立てとは、「行為の構成」である。それは、社会的な空間では主体の位置を占めるが、自己意識によっ

て定義されるものではなく、「特定の媒体や層における力の編成」である。そして、様々な層の内部に存在し、様々な層で形成されるものなのである。

　ドゥルーズとガタリの思想の解釈は容易ではないが、デューの理解に基づくならば、「逃走線」とは、〈世界に内在する力であり、既存の秩序を揺るがし、既存の秩序の再編をうみだしうる力〉のことを指すと言えるだろう。それは、世界そのものに潜在する可能性であり、特定の秩序の連続に亀裂をうみだし、新たな世界の分節化をもたらす。「逃走線」は、社会システムを構成する集団にも、その1人にも影響を及ぼしうる。そして、原因や結果が確定していない動きなのだが、既存の秩序を完全に変えてしまうことがありうる。それが「生成」である。「生成」は「逃走線」から始まるのである。

3　なぜ「機械」なのか

　ティラドーが自身の議論に際して援用したドゥルーズとガタリにとって、「機械」はキー概念である。一方、筆者は、サイバー・スペースに現れる自己が、機械と相互作用することを通じて再構成された〈身体〉を経験することが、既存のジェンダー秩序への異議申し立てにおいてこれまでにはない意味をもつことを明らかにしてきた。この節では、「機械」の概念をめぐるドゥルーズとガタリの議論を参考に、筆者が明らかにしてきた機械との相互作用がもたらす〈異議申し立て力〉のより一層の理論化を試みたい。

「機械」の概念をめぐって

　クレア・コールブルック（Claire Colebrook）は、ドゥルーズの

仕事の至るところに見いだされる「機械」の概念について次のように論じる。ドゥルーズは、「機械」の概念を用いて倫理を再考する。我々には、ある全体、例えば、人間とか自然とか、あるいは、特定の目的を有し相互関連作用をもった有機体としての宇宙のイメージなどといったものを仮定し、そこから自分たちの思考を開始してしまう傾向がある。我々の倫理が反動的になってしまうのはそのためである。我々は自分たちの倫理を、何らかの事前に与えられた統一体のうえにつくりあげてしまうのである。それとは対照的に、機械は能動的な倫理を可能にする。というのも、機械の概念を用いるとき、我々は、意図やアイデンティティや目的といったものを前提としていないからである。ドゥルーズは、「機械」の概念を用いて、基礎をもたない時間と生成を描くのである。

　本項では、以下も、コールブルックの理解に基づき、ドゥルーズとガタリの「機械」の概念がどのようなものなのかをまとめてみたい。

『アンチ・オイディプス』のなかで、ドゥルーズとガタリは、機械はメタファーではなく、生こそは文字どおり機械なのだと強調している。これこそが、ドゥルーズの倫理にとって決定的に重要であった。有機体とは、アイデンティティと目的をもつ一つの限界づけられた全体である。メカニズムとは、特定の機能を与えられ、閉じられた機械である。だが、機械とは、機械がおこなう接続以外の何ものでもない。それは、何かによってつくられたのではない。それは、何かのためにあるのでもない。それは閉じられたアイデンティティをもたない。つまり、彼らはここで機械を特別な意味で用いている。1台の自転車について考えてみよう。それがどのような"目的"ももたないことは明らかである。それが動くのは、人間の身体のような他の機械と接続されたときだけである。そして、これら二つの機械の生産は接続を通じてはじめて

実現する。人間の身体がサイクリストになるのは、機械と接続することによってであり、そのとき自転車は乗り物になる。だが、我々は、異なった機械を生産するような異なった接続についても想像してみることができる。自転車はギャラリーに置かれれば、芸術作品になる。人間の身体は絵筆に接続されれば"芸術家"になる。我々が閉じられた機械についてもっているイメージ、人間の身体という自己充足した有機体、時計のメカニズムのような実際に自律して動くものなどといったものは、機械がもたらす効果や幻想にすぎない。機械的でないような生の側面などありはしない。あらゆる生は、それが別の機械と結び付いたときにはじめて機能し、存在するのである。

　ドゥルーズとガタリによれば、生は、生がおこなう様々な接続の外側に存在していない。我々が表象やイメージや思考を有しているのは、機械的な接続があるからである。生は、不活発な外的世界のようなものを表象する人間の自己充足的な心という特権的な点に関するものではない。他の様々な機械のなかの一つとしての心と脳をもった、機械的接続の増殖こそが生である。

　また、ドゥルーズとガタリは、生とは既に与えられたひとまとまりの可能性から秩序づけられたシークエンスが前進することではない、とも述べる。差異が様々に枝を伸ばしていくことによって、可能性の拡張が創造される。そのため、生には、最終的にその到達に向かって進んでいこうと努力する目標というものは存在しない。しかし、"内的"な実際的努力というものが存在する。己の力を高めよう、自らになしうるところを最大化しようとする努力である。そして、その自己の最大化が成し遂げられるのは、互いに異なる目的、より多くの生成の連なりと線とを創造する目的によってである。機械的な生成というのは、自分以外のものとの接続を作ることで自己変革し、自己を最大化することにほかならないのである。

コールブルックの理解を参考にするならば、ドゥルーズとガタリが言う〈機械〉とは、特定の意図やアイデンティティや目的を前提として何らかの〈存在〉を捉えないことを意味していると言えるだろう。それは、その〈存在〉を既存の秩序の網の目から切り離すことにほかならない。そして、そのような〈機械〉との接続とは、新たな世界の分節化である。例えば、我々は、既存の秩序のなかで特権化された〈生物学的に把握された身体〉から切り離され、新たに編成された〈身体〉を生き始めることが可能となる。また、ある全体、すなわち、人間や自然、あるいは、特定の目的を有し相互関連作用をもった有機体としての宇宙のイメージ、といったものを仮定しない〈倫理〉を考えることができるようになる。ただし、忘れてはならないのは、こうした世界の再分節化は〈世界に内在する力〉によって可能になるということである。
　ここで、引き続きコールブルックの理解に基づき、前述のような議論に関連するドゥルーズの「差異」と「反復」の概念についても触れておこう。
　ドゥルーズは、『差異と反復』のなかで二つの思考方法を説明している。表象的なモデルについては、我々は、反復されても基本的に同一であり続ける言葉というものを想像することができる。我々はここから概念の表象モデルを知るわけである。概念によって我々は、複数の事物からなる一群の差異を無視し、それらを同一のものとして見ることができるようになる。一方、差異と反復に関するドゥルーズ的なモデルでは、反復される語は同じように見えるかもしれない。だが、反復を生産するのは同一性よりも差異なのである。ある語の反復は、それぞれが常にその語の異なった開始となっているのであり、その歴史と背景とを変革している。
　ドゥルーズの差異と反復に関するモデルによれば、最も"偉大"な文学である"マイナー"文学は、アイデンティティと一貫性を壊乱する言語の力を表現するために反復する。ジェームズ・

ジョイス（James Joyce）の『ダブリン市民』（1914年）は、ダブリンの声を反復しているが、それは彼らの永遠普遍性を強調するためではなく、彼らのバラバラになった機械のような質を明らかにするため、つまり、語と文が、どのようにして、意義をもたない、混乱した、突然変異を起こしたものになるのかを明らかにするためである。差異と反復のドゥルーズ的なモデルは、それぞれの語の歴史と背景とを変革していることを示すものである。そして、このような"差異と反復"に向き合うことこそが、その〈存在〉を既存の秩序の網の目から切り離し、新たな世界の分節へと再配置することにほかならないのである。

　一方、我々の文化、我々の言説、あるいは、我々の"リアリティの構築"を再認することは、単に、「自分たちをあるがままの姿にとどめ、一つの"思考のイメージ"に囚われたままにするもう一つの方法」にすぎない[38]。ドゥルーズにとっては、我々がおこなっている再認を超えて、非人間的で、機械的で、接続をはずされた力と対面することこそが、能動的な思考、ひいては、能動的な倫理をうみだすのである[39]。

〈機械〉と〈生成〉、そして、サイバー・スペース

　ドゥルーズとガタリによれば、有機体とはアイデンティティと目的をもつ一つの限界づけられた全体だが、人間の身体を自己充足した有機体と捉えるのは、機械の効果にすぎない。人間の身体は閉じられたアイデンティティや最終的な目標といったものをもたない。他の機械と接続されてはじめて、それは機能し存在し始めるのである。ドゥルーズとガタリは、「ひとたび、機械の構造的統一性が粉砕され、またひとたび生物の個体的かつ特有的統一性が拒否されてしまう」と、「機械と欲望との間に直接の結びつき」が現れるとも言う[40]。

　この「機械の構造的統一性」の粉砕、そして「生物の個体的か

つ特有的統一性」の拒否をうみだすのが、人間と機械との相互作用だと考えられる[(41)]。ステファヌ・ナドー（Stéphane Nadaud）によれば、「人間が物を手に持ち、そこから自分と世界との関係を根本的に変容させる道具を作り出して以来、事態は確かにそのようなもので」あり、「道具」、すなわち、「作家にとってのペンから、家具職人にとっての金槌」まで、それを使い始めるや否や、「つねにそれを使う個体的主体を、道具を使って作り出す作品と主体的に結び合わせることで変容」させてきたのである。その意味では、ナドーが言うように、「情報テクノロジーとそれが切り開くヴァーチャルな世界」とは、機械的な生成の、「ことさら目に付くきざしでしかない」と見ることができるのかもしれない。

しかしながら、それが「ことさら目に付く」ものであることが社会的にもつ意味は小さくないだろう。我々の多くが、いまや、道具の使用が「それを使う個体的主体を、道具を使って作り出す作品と主体的に結び合わせることで変容」させることを知っているが、それだけにとどまらない。それを〈経験〉するようになっている。我々の多くが、いままで〈認識〉してきた〈生成〉を、再構成された〈身体〉のパフォーマンスを通じて経験するようになってきているのである。

その経験は、非人間的なものを通じた〈生成〉である。すなわち、自分以外のものとの機械的な接続をつくることによる自己変革であり、自己の最大化にほかならない。その生は、秩序づけられたシークエンスの前進ではなく、突然変異であり出来事でもある。それは、アイデンティティの一貫性を壊乱するための、我々の文化・言語の〈反復〉であり、我々の〈リアリティの構築〉の再認を超えた、非人間的で機械的な接続である。その〈反復〉は、それぞれが常に異なった開始となっているのであり、その歴史と背景とを変革している。そのような〈変革〉から目を背けず、

〈変革〉をうむ力に向き合うことこそが、有機体や自然に訴えるような〈反動的〉なものではない倫理の地平を切り開いていくのである。

おわりに

　本章では、〈サイボーグ自己〉は、既存の二者の中間的位置に置かれた「確固たる実在」ではないこと、したがって、閉じられた全体や持続的な同一性をもった主体を要請するものではないことを明らかにしてきた。その自己は、ドゥルーズとガタリが言う「生成」の概念において捉えられるものである。それは、突然の出来事であり、終わりがない動きなのである。

　また、本章では、機械との相互作用が重要であることを確認した。そのような相互作用は、〈有機体的統一〉という夢を打ち破り、自分以外のものとの接続をつくりだすことで、〈生成〉をうみだしていく。我々の多くにとって、このような〈生成〉は、これまでは、主として〈認識〉されるものであった。しかし、サイバー・スペースの出現により、それは、〈経験〉されるものになりつつある。

　ヴァーチャル・リアリティ技術が偏在化するユビキタス社会が構想され、その実現が現実味を帯びてくるにつれ、サイバー・スペースを介してうまれる自己とその自己の身体経験は、いわゆるサブカルチャーにおける特異な経験ではなくなりつつあることも指摘されるようになっている[42]。我々はもはや、〈全体〉、例えば、人間、自然、宇宙のイメージなどといったものを仮定することなく、リアリティの再認を超え、機械的な接続を生きる〈サイボーグ自己〉から目を背けることはできない。〈サイボーグ自己〉をめぐる考察は、今後ますます必要とされるだろう。

なお、本章では、ティラドーが示した「サイボーグは生成である」という以外の論点、すなわち、「サイボーグ」の概念がうみだしつつある時間論、存在論、そして、社会構築主義については取り上げることができなかった。それらの論点をめぐる考察は別稿に譲りたい。

注
（1）前掲『肉体のヌートピア』
（2）Dovey and Kennedy, *op. cit.*
（3）ヘリングがおこなったインターネット上のフォーラムの分析やアダムスがおこなったポルノグラフィ分析は、そうした見方を提示するものであることは本書第1部などで述べてきたとおりである。
（4）Donna J. Haraway, "A Manifesto for Cyborgs: Science, Technology, and Socialist Feminism in the 1980s," *Socialist Review*, 80, 1985, pp. 65-107.
　改訂版の邦訳に、高橋さきの訳「サイボーグ宣言——20世紀後半の科学、技術、社会主義フェミニズム」（前掲『猿と女とサイボーグ』所収、285—348ページ）と小谷真理訳「サイボーグ宣言——1980年代の科学とテクノロジー、そして社会主義フェミニズムについて」（前掲『サイボーグ・フェミニズム 増補版』所収、27—143ページ）がある。
（5）Francisco Javier Tirado, "Against Social Constructionist Cyborgian Territorializations (1999)," reprinted in Bell ed., *op. cit.*, pp. 283-296.
（6）Ibid., pp. 283-284.
（7）この語は、のちに論じるように、ドゥルーズとガタリが用いた概念である（Deleuze and Guattari, *Mille Plateaux*〔前掲『千のプラトー』〕, Deleuze and Parnet, *op. cit*〔前掲『対話』〕）。また、この語は繰り返し出てくるため、直接の引用でも特定のページを記載しなかった。
　この概念については、第6章の注（56）も参照のこと。

（8）Tirado, op. cit., p. 284.
（9）Ibid., pp. 284-285.
（10）Ibid., p. 285.
（11）Ibid.
（12）Ibid., p. 286.
（13）Ibid.
（14）Ibid.
（15）Stone, *op. cit.*, p. 90.〔前掲『電子メディア時代の多重人格』〕。引用の日本語訳やその表記はこの訳書に従った。邦訳では、129―130ページ。
（16）Laclau and Mouffe, *op. cit.*, p. 111.〔前掲『ポスト・マルクス主義と政治』179ページ〕。引用に際しては、この訳書を参考にした。この概念については、第6章の注（55）も参照のこと。
（17）Dovey and Kennedy, *op. cit.*, p. 116.
（18）Tirado, op. cit., p. 286.
（19）Claire Colebrook, *Gilles Deleuze*, London: Routledge, 2002, p. 57.〔クレア・コールブルック『ジル・ドゥルーズ』國分功一郎訳（シリーズ現代思想ガイドブック）、青土社、2006年、116―117ページ〕。以下、引用などの日本語訳やその表記はこの訳書に従った。ただし、直接の引用ではない場合には、一部変更している。
（20）*Ibid.*, p. 57.〔同書117ページ〕
（21）Deleuze and Guattari, *Mille Plateaux*〔前掲『千のプラトー』〕；Deleuze and Parnet, *op. cit.*〔『対話』〕
　この語は繰り返し出てくるため、直接の引用でも特定のページを記載しなかった。
（22）Colebrook, *op. cit.*, p. 57.〔前掲『ジル・ドゥルーズ』117ページ〕
（23）Reidar Due, *Deleuze*, Cambridge: Polity Press, 2007, p. 134.〔ライダー・デュー『ドゥルーズ哲学のエッセンス――思考の逃走線を求めて』中山元訳、新曜社、2009年、237ページ〕。以下、引用などの日本語訳やその表記はこの訳書に従った。ただし、直接の引用ではない場合には、一部変更している。

(24) *Ibid.*, p. 133.〔同書235ページ〕
(25) *Ibid.*, p. 132.〔同書233ページ〕
(26) *Ibid.*, pp. 138-139.〔同書244—246ページ〕
(27) *Ibid.*, p. 141.〔同書249ページ〕
(28) *Ibid.*, p. 105.〔同書188ページ〕
(29) *Ibid.*, pp. 75-76.〔同書137ページ〕
(30) *Ibid.*, p. 132.〔同書233ページ〕
(31) *Ibid.*, pp. 132-133.〔同書234—235ページ〕
(32) Colebrook, *op. cit.*, p. 55.〔前掲『ジル・ドゥルーズ』113—114ページ〕
(33) *Ibid.*, pp. 55-67.〔同書113—137ページ〕
(34) Gilles Deleuze and Félix Guattari, *L'Anti-Œdipe: capitalisme et schizophrénie*, Paris: Éditions de Minuit, 1972.〔ジル・ドゥルーズ／フェリックス・ガタリ『アンチ・オイディプス——資本主義と分裂症』上・下、宇野邦一訳(河出文庫)、河出書房新社、2006年〕
(35) Colebrook, *op. cit.*, pp. 103-123.〔前掲『ジル・ドゥルーズ』199—236ページ〕
(36) Gilles Deleuze, *Différence et répétition*, Paris: Presses universitaires de France, 1968.〔ジル・ドゥルーズ『差異と反復』上・下、財津理訳(河出文庫)、河出書房新社、2007年〕
(37)「マイナー」な文学については、前述の *Mille Plateaux*〔前掲『千のプラトー』〕などで論じられている。
(38) Colebrook, *op. cit.*, p. 66.〔前掲『ジル・ドゥルーズ』134ページ〕
(39) *Ibid.*, p. 66.〔同書134ページ〕
(40) Deleuze and Félix, *op. cit.*, p. 343.〔前掲『アンチ・オイディプス』下、134—135ページ〕。引用の日本語訳やその表記は、この訳書に従った。
(41) Stéphane Nadaud, *Manuel à l'usage de ceux qui veulent réussir leur [anti]œdipe*, Paris: Fayard, 2006, p. 84.〔ステファヌ・ナドー『アンチ・オイディプスの使用マニュアル』信友建志訳、水声社、2010年、99—100ページ〕
(42) 高橋透『サイボーグ・フィロソフィー——『攻殻機動隊』『ス

カイ・クロラ』をめぐって』NTT出版、2008年 ; Nayar, *An Introduction to New Media and Cybercultures,* Nayar, op. cit., pp. 1-5.

第8章
〈サイボーグ〉という経験を捉える視座とはどのようなものか

はじめに

　東浩紀は、日本の思想界や論壇において「情報社会の可能性に背を向け、旧時代の人文知へ回帰する態度がいまさら勢力を強めている」ことに危惧を抱き、「過去の遺産を振りかざし現状批判に興じているだけであれば、論壇も思想もまちがいなく滅びるだろう」[(1)]と警鐘を鳴らしている。東が鳴らすこの警鐘は、筆者が現代哲学・倫理学の研究に際して、常々考えていたことに呼応する。本書も、現代哲学・倫理学を研究する者にとって最も避けなければならないことは、「旧時代の人文知」を振りかざして「現状批判に興じる」ことであるという立場から研究を進め、情報社会の可能性を探ってきている[(2)]。

　具体的には、サイバー・スペースに現れる〈サイボーグ〉としての自己と身体が、現実世界のジェンダー秩序への〈異議申し立て〉において重要な契機になることを確認してきた。サイバー・スペースの出現以前に、既に、様々な表現形式が〈サイボーグ〉としての自己をうみだしてきている[(3)]。しかしながら、第5章で考察したように、その〈自己〉が、〈生物学的に把握された身体〉が再構成された〈身体〉を経験するに至るには、サイバー・スペースの出現を待たなければならなかったと考えられるのである。

本章では、既存の社会関係を再構築しうる〈生きられた経験〉としての〈サイボーグ〉を捉え、その具体的実践に光を当てる視座とはどのようなものかについて明らかにすることを目的とする。その試みを通じて、まず、その視座においては、科学はどのようなものとして捉えられるかについて考察することになる。また、哲学や芸術をどのようなものとして捉えることになるかについても検討していく。

1　科学はどのように捉えられるのか

ハラウェイの科学論

　本節では、〈生きられた経験〉としての〈サイボーグ〉を捉える視座は、科学に関してどのような考えをもっているのかを明らかにする。その試みをおこなうに際して、最初に取り上げなければならないのは、ダナ・ハラウェイの議論だろう。

　ハラウェイは、1985年に「サイボーグ宣言」という論文を発表し、現代に生きる我々のリアリティを捉えるキー概念として「サイボーグ」を提唱した。「サイボーグ」概念の重要性を世に問うたハラウェイは、科学についての理論家としても重要な位置を占める論者である。

　そのハラウェイは、西欧文化の〈合理性〉、あるいは、〈客観性〉に関する伝統的な考えを批判的に検討している。すなわち、ハラウェイは、「合理的な知」とは、解釈や表現から免れるもの、あるいは、完全に自足的だったり完全に定式可能だったりするものではなく、解釈者たちの「フィールド」間で進行しているギリギリの解釈行為の過程であり、権力に敏感な対話だとした。ハラウェイが考えるところでは、科学の知は常に「状況に置かれた知」であり、「人間の行為主体性や責任性を免れる」ものではな

く、「説明義務や責任」を負ったものとして認識されるべきなのである。

例えば、ハラウェイによれば、「細胞とは、とても深遠な意味で、われわれの相互作用から独立した境界を有しているのではないプロセスに対するわれわれの名称」であり、「境界とは相互作用と命名の結果」である。これは、「世界が「でっち上げられている」ということや細胞が存在しないということではなく、「細胞」という記述用語は歴史的な種類の相互作用に対する名称であって、物それ自体に対する名称ではない」ということなのである。

言い換えれば、ハラウェイは、何らかの科学言説が〈ありのままの事実〉を映し出している、つまり、〈真理〉を言い当てていると考えることに異を唱えているのである。ハラウェイは、科学も、時代や地域といった社会的・文化的背景から切り離すことはできない行為だという認識を提示する。そして、科学者が自らの説明を〈ありのままの事実〉〈真理〉と考えることにより、その説明を反省的に問い直すことができなくなっていることを問題化するのである。

「サイボーグ」概念の提唱者ハラウェイのこうした議論に従うならば、〈サイボーグ〉という経験を捉える視座とは、科学という営為にも〈自省〉と〈異質な社会・文化との対話〉が不可欠である、という考えに拠って立つものにほかならない。これは、ケネス・ガーゲンも示唆している考えである。そして、このような科学に対する考え方は、〈社会構築主義(社会構成主義)〉と言われる立場に属している。その〈社会構築主義者〉を自認するガーゲンを援用するならば、次のように論じることができるだろう。すなわち、その科学に対する考え方は、何かを命名し記述する科学者の言葉には存在する何かを写し出す特権があり、そのため、科学の言葉が我々に唯一の現実を教えてくれると考えることに対して危惧を表し、科学が「それ以外のあらゆる声を沈黙させる独裁

者」にならないようにと警鐘を鳴らしているのである。

グレイの議論

　続いて、「サイボーグ学」という論文を執筆しているクリス・ヘーブルス・グレイ（Chris Hables Gray）の議論について見ていきたい。

　グレイによれば、たいていの科学論者は、科学に対する豊かな理解と敬意をもっているのだが、科学を一つの宗教にしてはいないため、多くの科学者やサイエンス・ウォーズにおいて科学論者に戦線布告をした科学の"擁護者"をいらだたせているように見える。

　また、グレイは次のようにも言う。確かに、科学の批評家たちのうちには、すべての科学的発見がいいもので、それらが我々をある絶対的真理へと導くという考えを抱いている者はほとんどいない。しかし、多くの者が、科学は物質世界の操作という点で、より良くなりうると考えている。最も良い科学論者、そして、最も良い科学者も同意していることは、人間の知識の限界である。我々はそのことを見失ってはいけない。科学と科学論は、自分自身に、そして、相互に問いかけ変化をうみだす絡み合った言説であり、生きられたリアリティの新たな理解と変容をもたらすものなのである。人間の知識は限られたものである。しかし、改善可能なのである。

　かくして、グレイは、「技術的な限界はあるものの、我々は、我々が選んだ未来を構築することができる。しかしながら、選択のプロセスは非常に政治的であり、それゆえ、わかりにくいものになっているのであるが」と論じている。グレイの考えに拠って立つならば、我々は、我々の科学的な知識が〈真理〉を言い当てているという考えから解き放たれることで、つまり、科学が科学論と手を携え〈自省〉と〈異質な社会・文化との対話〉をおこな

うことで、我々自身を変え、我々の社会関係を変えていくことが可能となるのである。

こうして見てくると、〈サイボーグ〉という経験を捉える視座とは、〈世界に対する新たな解釈や表現をうみだし、世界を異なる仕方で形づくる可能性を切り開いていく〉視座と言えるのではないだろうか。ガーゲンが言うように、「事実」についてのある説明を固く信じているとき、世界のありようについての他の可能性に関して自らを閉ざしている。他の可能性に関して目を向けるのがその視座であり、その視座はまさしく、社会構築主義のものなのである。実際、イアン・ハッキング（Ian Hacking）は、「Xが社会的構成物である」とする論者は、だいたい次のような見解を抱いているとする。すなわち、「Xのこれまでの存在には必然性がない、ないしは、それが現在あるような仕方をしている必然性はまったくない。Xの存在ないし、今日のXのありようは、物事の本性によって決められているわけではない。端的に言って、それは、不可避ではない」。ハッキングは、さらに言葉を付け加えて、「Xを存在せしめたり、今日あるように形作ったのは、社会的な出来事、力、歴史であるが、これらはすべて、違ったあり方をとることが十分可能だった」とも言う。「サイボーグ」という経験を捉える視座とは、現に我々がおこなっている世界の記述の仕方によって現実化することが妨げられているあり方を可能ならしめていく見地にほかならないのである。

2　社会構築主義・再考

ガーゲンの社会構築主義

これまでの考察では、「サイボーグ」概念を提唱した論者、および、それを展開した論者に従うならば、〈生きられた経験〉と

しての〈サイボーグ〉を捉える視座とは、〈社会構築主義〉と呼びうる視座であることを明らかにしてきた。しかしながら、社会構築主義と言ってもその理解は必ずしも一様ではない。いわゆる〈科学の知〉を分析する際の視座として社会構築主義の立場をとるか、社会問題やジェンダー、階級、エスニシティなどのアイデンティティ構成を分析するための視座として社会構築主義を用いるかによって、何が構築されていると考えるかが異なるばかりではない。〈科学の知〉を問題にする社会構築主義者でも立場は様々である。こうした社会構築主義の立場の違いを整理することは別の機会に譲るとして、本項では、先にも触れたガーゲンの社会構築主義について取り上げてみたい。それは、ガーゲンの社会構築主義は、社会構築主義に拠って立とうとする場合に不可欠と位置づけられる試みをおこなっていると考えられるからである。

　筆者は、社会構築主義に立とうする研究者は、新たな知をつくりあげていく研究に挑み、その知が個々人にとってより望ましい社会を実現しうることを示していく必要があると考えている。しかも、その研究では、〈自分自身を反省し、自らの限界やそれ以外の説明の可能性を認識し続けなければならない、そして、道徳的・政治的な背景に関する問いに開かれているように努めなければならない〉とも考えている。ガーゲンも指摘するように、生物学、化学、物理学など科学の成果に対して、それが〈真理〉や〈ありのままの現実〉を写すものではないという議論が向けられたときには、疑問の声があがってくることが多いが、そうした疑問は、〈科学〉が（すべての人にとってではなくとも）現実に役に立つ知識をうみだしてきたことに起因するところが大きい。そのため、社会構築主義に拠って立とうとする研究者は、例えば、〈科学的な知識を含めあらゆる知識は社会的に構築されたものである〉と主張するだけでは、先のような疑問の声に抗していくことはできないだろう。筆者が、社会構築主義に拠って立とうする

研究者は科学的知識の構築性を指摘するだけでは不十分であり、先に述べたような営為を避けて通ることができないと考えるのは、こうした事情からである。

さて、そのガーゲンは、『あなたへの社会構成主義』の第2版において、「社会構成主義」、すなわち、本章で言う〈社会構築主義〉の基本的テーゼを五つにまとめている。[21]

第一のテーゼは、「我々が世界を理解するために用いる方法は、「事実」によって要求されているものではない（The way in which we understand the world is not required by "what there is".）」である。この第一のテーゼは、我々が世界を理解するために用いる方法のどれも、ありのままに世界を写し取るのではないことを意味する。これは、どのような状態についても、記述の仕方や説明の仕方が無限にありうるのであり、そして、どれか一つの表現方法が、"事実"をありのままに映し出しているという点で優れているということはないことを言明するテーゼなのである。

第二のテーゼは、「記述や説明の方法は、人々の関係からうまれたものである（The ways in which we describe and explain the world are the outcomes of relationship.）」である。このテーゼは、世界を理解し記述や説明をする方法は、人々の協同、すなわち、交渉、同意、意見の比較などを通じて得られるものであることを言明するものである。このテーゼによれば、人々の関係に先立ち理解可能なものは存在しないのである。

第三のテーゼは、「社会的な構築はその意義を社会的にもつ効用から得られる（Constructions gain their significance from their social utility.）」である。このテーゼは、我々が社会を理解し記述する仕方がもつ意義は、その理解し記述する仕方が社会生活のなかでどのような機能を果たすのかに拠ることを表すものである。このテーゼは、我々に、真理ではなく、その記述が社会生活で何をもたらしているのかを問うことを求めるのである。

第四のテーゼは、「我々は何かを記述したり説明したり、あるいは別の方法で表現したりするとき、同時に、自分たちの未来をも創造している（As we describe and explain, so do we fashion our future.）」である。このテーゼは、我々の現在の関係を維持していくには常にその意味を再構成していかなければならないが、そのことは同時に自らの生活を変え新しい未来を築いていく可能性も示していることを言うものである。このテーゼは、与えられた意味を拒否するだけではなく、それに代わる新しい解釈や新しい表現をうみだすことが求められることを示唆している。

　第五のテーゼは、「自分たちが自明のものとしている世界のあり方について反省することが、満足のいく未来にとって不可欠である（Reflection on our taken-for-granted worlds is vital to our future well-being.）」である。このテーゼは、自分がもっている前提を絶対視せず、現実を見る別の枠組みを受け入れ、様々な立場を考慮する姿勢の大切さを示すものである。つまり、"当たり前"とされている事柄が、異なる見方の可能性を見えなくさせてしまうことを批判する言明である。

　また、この第五のテーゼは、自分たちの世界の理解の仕方を自省することは、他の文化集団に発言力を与えること、つまり、異なる意味コミュニティが参入するためのドアを開くことにほかならないことを示してもいるのである[22]。

　永田素彦は、ガーゲンの『社会構成主義の理論と実践』を評し、その魅力は、社会構築主義の可能性が積極的に語られていることだとして、次のように論じる[23]。すなわち、メタ理論としての社会構築主義（永田自身は、「社会構成主義」という用語を使っている）の前提に立つと、研究の意味は、「事実を明らかにする」ことではなく、新たな現実をつくりあげることにある。したがって、社会構築主義に基づく研究は、価値の問題に関わり、積極的により望ましい現実を構成していくものである。さらに、社会構築主義

のメタ理論そのものが、より望ましい社会を実現する可能性を秘めてもいるのである。

　ガーゲンは、永田が指摘するように、社会構築主義の積極的な可能性を強調することで、ともすると社会構築主義がはまってきた陥穽、すなわち、Xが社会的構築の産物であることを指摘するだけにとどまり、新たな現実をつくりあげようとする営みからは背を向けるといったシニシズムに陥らずにすんでいると言えるのである。

批判に対する応答

　社会構築主義は、〈知識〉についての新たな視座を提供してきた。しかしながら、その立場は、近代以降広く受け入れられてきた諸前提に異議を唱えるものだったため、様々な批判が向けられてきてもいる。これまで社会構築主義に対してなされてきた批判は、〈サイボーグ〉という経験を捉える視座を〈社会構築主義〉と呼びうる見地と理解する我々にとっても、対岸の火事とは言えないものである。ガーゲンは、そうした批判に対して丁寧な応答を試みている。そこで、この項では、ガーゲンが自身の立場への批判にどのように応答しているかを見ていきたい。

　本項で特に注目するのは、社会構築主義の懐疑主義的な側面を指摘する批判に対する応答である。というのも、この応答において、社会構築主義は、異なる立場の主張に対しどのような態度を取ることになるのかが明確に示されていると考えられるからである。

　ガーゲンによれば、社会構築主義は、懐疑主義に寄せられるのと同様の批判を受ける[24]。すなわち、懐疑論者は、真実も、客観性も、経験的知識も実在しないと言う。では、そもそも、その懐疑論者の主張自体は、どのような根拠をもつのか。懐疑論者の主張によれば、彼らの見解そのものもまた真実でも客観的でもありえ

ないし、経験的基盤をもちえないはずだ。この点で、懐疑論は一貫性に欠けている。一方、理解可能なことはすべて社会的に構築されるならば、社会構築主義の言説も社会的に構築されたものにすぎず、社会構築主義は真実ではありえないということになるため、社会構築主義もまた懐疑主義と同様に一貫性の欠如という批判を受けることになるのである。

　さて、ガーゲンは、そうした批判を「社会構築主義は、真理という概念を放棄すると言う。ならば、社会構築主義が真理であることを主張しうるのか？」という批判として捉え、次のように応答する。[25]

　まず理解すべきは、真理があるという前提を固守するからといって、そのこと自体、「真理があるという前提が真理である」ということを保証しないということである。一般に、その理論自身が真、ないし、妥当であることを、その理論に基づいて保証することはできない。そこで、理論の真理性を保証するために次の二つの方法が取られる。第一の方法は、証明したい理論と同じ議論を用いて、その理論そのものを正当化しようとするものである。例えば、経験主義を正当化するために経験データを使い、合理主義を正当化するために合理主義のテクニックを用いる、というように。しかしながら、こうした試みは循環論的である。もともとの主張を、ただ単に再生産しているだけであって、主張自体を正当化することはできない。例えば、経験データを信用して経験主義を支持するには、前もって問題になっている当の理論、つまり、経験主義を受け入れていなければならない。同様に、合理主義の知識理論を支持するために合理主義に基づいた議論をすることは、合理性が真であるのは合理性が真だからだというように、同語反復にすぎない。第二の方法は、その理論を正当化するのに別の基盤を用いることである。経験主義が、合理主義的基盤に基づいて経験主義が真であると主張したり、合理主義が、経験データに基

づいて真であると主張したりすることである。しかし、この選択肢を取ることは、もともと擁護しようとしている理論の妥当性を破棄することになる。なぜなら、ある知識の理論が第二の知識の理論によって正当化されるのであれば、前者が妥当だという主張は、その主張を保証する第二の理論こそが妥当だという主張に取って代わられることにならざるをえないからである。例えば、もし経験主義の妥当性が合理主義的方法によってしか示されないとすれば、合理主義が、真理を保証する基本的な立場として経験主義に取って代わることになるのである。

　だが、ガーゲンによれば、先述のような社会構築主義への批判に対するより重要な応答がある(26)。すなわち、それは、その批判の前提に関わるものである。その批判は、社会構築主義が疑問視する当の疑念、"客観的真理"をもちだす。つまり、①様々な命題の真理条件を確立する根拠は十分にある、②客観的妥当性こそ、ある理論を受容するか拒否するかの基準として適切である、③社会構築主義は客観的評価をしえないがゆえに、その真偽は決定できない。しかし、社会構築主義は、①の前提を否定する。したがって、社会構築主義は、社会構築主義だけでなく、どのような理論を評価する基準としても、"現実との対応"をもちだすなどは、もはや許されない。かくして、ガーゲンに見るところでは、社会構築主義者は、自らの考えが他のすべての理論よりも優れていることを示そうなどとはしない。そのための、いかなる基礎も、いかなる方法も提供しない。そうではなくて、社会構築主義はなにがしかの言説的世界へ内在することへと誘うのである。社会構築主義者の分析は、"選択された現実"に内在した分析であり、特定の"分析の対象"をクローズアップする。と同時に、社会構築主義的分析は、真－偽二分法の適用を要求しない。むしろ、ある命題群にともに意味や意義を与えること、その命題群から得られる可能性や実践を共有すること、その命題群を他の命題群と突き

合わせて吟味することへと読者を招待する。社会構築主義は他の選択肢を排除しない。例えば、原理主義的な経験主義者にとって、現象学の視点は疑わしいものであり、合理主義の視点はつまらないものであり、唯心論は呪われたものになる。そのため、経験主義者にとって、これらの視点が廃棄されたところで、人文科学には何の影響もない。同様に、現象学や唯心論は、経験主義の根絶を歓迎するだろう。こうしたことは、既存の多様なメタ理論のすべてに当てはまる。しかし、社会構築主義は、"真理"を主張しないがゆえに、他の選択肢を排除しない。そのかわり、社会構築主義者は、唯一の正解の答えがあるわけではないが、「それぞれの理論は、われわれの生活様式にいかなる利益や損失をもたらすのか？」「それぞれの理論は、いかなる意味でわれわれの幸福に貢献するか？　また、いかなる意味で、我々を混乱させるのか？」と問うてみることを促すのである。

　また、ガーゲンは、「一貫性」に関する批判を、「社会構築主義は、それ自体、社会的に構築されたものではないか？」という批判としても捉え直し、次のように応答する。社会構築主義の立場を一貫させるならば、この批判に対しては「イエス」と答えざるをえない。しかしながら、このような立場をとることで、批判者は、かえって社会構築主義を正当化してしまっている。というのも、それは、社会構築主義の議論の、社会構築的な性質を確証しようとしているのだから。その結果、批判者は、社会構築主義の代案、つまり、社会構築主義に対するアンチ・テーゼを提出できていないだけでなく、批判者が否定しようとしている社会構築主義と同じ前提に立脚していることになるのである。

　さらに、ガーゲンの考えでは、最も重要なのは、こうした社会構築主義の批判者の試みが社会構築主義に重要な貢献をしてくれるということである。というのも、批判者のような問いこそが、我々が自らについて反省し、ある言説の外に出て別の現実を受け

入れることを可能にするからである。この種の批判によって、我々は、社会構築主義の言説が様々な状況においてどんな影響をもたらすのか、何を得て何を失うことになるのか、あるいは、社会構築主義がもつ可能性や欠点について自問するようになるのである。

　ガーゲンは、科学ばかりか、何か特定の言説を特別な位置に置くことはない。その姿勢は、自らの社会構築主義に対してもぶれることはない。そのため、社会構築主義自身に、〈自省〉と〈異質な社会・文化との対話〉を要請しているのである。先にも述べたように、社会構築主義に拠って立つ研究において、我々は、自分自身を反省し、自らの限界やそれ以外の説明の可能性を認識し続けなければならない。そして、道徳的・政治的な背景に関する問いに開かれているように努めなければならないのである。

ガーゲンの社会構築主義への若干の異論

　先に述べたように、ガーゲンの社会構築主義は、〈社会構築主義〉に拠って立とうとする場合に不可欠と位置づけられる試みをおこなっていると考えられる。そのため、その社会構築主義は、おおむね賛成しうるものである。

　しかしながら、筆者は、ある点では、その議論の微修正が必要とも考えている。というのも、ガーゲンの議論では、人々の関係性が〈現実〉を構築すると言うとき、その〈現実〉の構築において、〈物理的な道具〉が果たす役割についてあまり注意が払われていないように思われるからである。

　例えば、ステファヌ・ナドーは、ジル・ドゥルーズとフェリックス・ガタリの、「ひとたび、機械の構造的統一性が粉砕され、またひとたび生物の個体的かつ特有的統一性が拒否されてしまう」と「機械と欲望との間に直接の結びつき」が現れるという議論を用いて、「道具」、すなわち、「作家にとってのペンから、家
(29)

具職人にとっての金槌」まで、それを使い始めるや否や、「つねにそれを使う個体的主体を、道具を使って作り出す作品と主体的に結び合わせることで変容」させてきたと論じる。

第7章では、前述のような議論に拠って立ち、〈現実〉の構築においては〈物理的な道具〉が重要な役割を果たすのではないか、という考えを示した。こうした議論を援用するならば、情報社会のテクノロジーとの関わりに即して〈現実〉の再構築を考えることができるという点で、社会構築主義は、〈サイボーグ〉という経験を捉えるのにより有効な視座となりうるのではないだろうか。

3　科学・芸術・哲学

ここまでは、社会構築主義を〈サイボーグ〉という経験を捉える視座として位置づけたうえで、ガーゲンの社会構築主義の基本的なテーゼと批判への応答、そして、補足すべき論点を取り上げ、その視座がどのようなものなのかを探究してきた。

その探究を通じて明らかになってきたことは、科学だけが、物自体、あるいは、ありのままの現実を記述しうると考えることはできないということである。世界の記述の仕方は無限にありうる。科学はそのあり方の一つにすぎず、他の知的な営み、例えば、芸術や哲学などの営みより科学を優位に位置づけることはできないというのが、我々が拠って立つ視座が描き出す〈知の見取り図〉なのである。

しかしながら、科学と、芸術あるいは哲学とをまったく同じ知的営為と考えることはできないだろう。例えば、ラリー・ラウダン（Larry Laudan）は、科学、特に自然科学で広く見られる意見の一致に注目する。ラウダンは科学的実在論に対して批判的な立場をとる論者である。しかしながら、そうしたラウダンにとって

も、科学者たちの見解はしばしば対立し不一致に陥る一方で、その不一致が解消され広い範囲において合意が形成されることは注目すべきことであった。確かに、ラウダンが指摘するように、科学の分野では、哲学や芸術などの分野よりも広範な意見の収束が見られることを無視することはできない。そこで、本節では、これまで明らかにしてきた社会構築主義の視座を補完すべく、芸術と哲学という営みをどのように捉えたらいいのかを検討してみたい。

　ここで参考としたいのは、再びドゥルーズとガタリの議論である。ドゥルーズとガタリは、科学、芸術、哲学を「カオスのうえにもろもろの平面を描く」ことと捉え、次のように論じる。科学、芸術、哲学は、我々のオピニオンがそこから出てくる根源的臆見を援用することはない。これらの欲するのは、カオスのなかにもぐること、そして、そのような代価を払ってカオスを征服することである。しかしながら、それぞれは、カオスから異なるものをもち帰る。科学者がカオスからもち帰るものは、ある変数である。すなわち、他の任意の変化可能性を排除することで、独立的なものになった変数である。その結果、この諸変数は、一つのファンクションのなかで規定しうる関係の支配下に入る。科学は、支持を得るために無限のものを放棄する。一方、芸術家がカオスからもち帰るものは、変化性＝多様体である。また、哲学者がカオスからもち帰るのは、ある諸変化＝変奏なのである。

　繰り返しになるが、ドゥルーズとガタリの思想は難解である。前述のような議論も容易に解釈することはできない。そこで、本章でも第7章同様に、クレア・コールブルックによる解釈を手がかりとしたい。

　コールブルックは次のように論じる、ドゥルーズとガタリは、科学・芸術・哲学の三つの領域を、日常生活上の機能を超えて「生を変革する力」と見なすが、それぞれ別々の契機と見られる

必要があると考えている。ドゥルーズとガタリによれば、科学と芸術、哲学を区別するには、それらの領域が何をおこなっているかを明らかにする必要がある。科学は世界を「観測可能な"事態"」へと固定する。芸術は「知覚表象と情動」を創造する。哲学は「概念」を創造する。科学は、フィクションや物語を使っているかもしれないが、それは、あくまで我々の世界を関数のようなものとして制御しやすくするためである。一方、文学などの芸術は、可能な世界の姿をイメージする力である。それは、フィクションそのものの力であり、利害関心をもった組織化をおこなう主体から解放された感覚ないしイメージを創造する。そして、哲学は、概念を創造する。それは、思考の新しい方法、すなわち、問題へと応答するための新しい方法をうみだす力にほかならないのである。

　こうして見てくると、科学は、〈既に秩序化された世界についての首尾一貫した記述〉への収斂を目指すものであるのに対して、芸術は、我々を、秩序化された経験の流れから解き放ち、世界がもつ潜在的な可能性へと導く。そして、哲学は、その可能性を思考しようとする。つまり、一定の仕方で秩序化されたときに覆い隠されてしまった世界がもつ可能性を提示するのが芸術であり、それを概念化しようとするのが哲学である。ドゥルーズとガタリに従って考えるならば、既存の秩序への〈異議申し立て〉をうみだすような経験を捉えるのには、芸術や哲学のほうが有効のように思われる。芸術と哲学は、一定の仕方で秩序化された世界での経験の流れから解き放たれたイメージや思考を扱うことができる。その点で、芸術と哲学は、既存の秩序のもとでのあり方とは異なる経験を捉えるのによりふさわしいと考えられるのである。ただし、一言付け加えなければならないのは、この場合の芸術とは、マジョリティから引き離されたマイノリティのそれであり、哲学が概念化するのは、マイナーな芸術なのである。[35]

おわりに ── 〈経験科学〉ではない研究に向けて

　サイバー・スペースに現れた〈生きられた経験〉としての〈サイボーグ〉をイメージとして最もよく捉えうるのは芸術の形式であり、その経験を概念として最もよく捉えうるのは哲学の形式だ、というのが本章の考察を通じて確認されたことである。我々は、本章の考察を経て、〈芸術〉と〈哲学〉という方法にたどりついたのである。
　これまで論じてきたように、サイバー・スペースを介して〈サイボーグ〉という経験が立ち現れ始めていることはゲーム研究などが示してきたが、それらの研究が、〈経験科学〉という枠組みにとどまるならば、〈サイボーグ〉としての自己と身体の経験とはどのようなものかを具体的に明らかにすることに成功しはしないだろう。〈経験〉の〈科学〉的な記述は、〈既に秩序化された世界についての首尾一貫した記述〉への収斂へと向かわざるをえないからである。
　そう考えるなら、我々に求められているのは、ゲームプレイをはじめとするサイバー・カルチャーをドゥルーズが言うような〈芸術〉として捉える視座と言えるだろう。すなわち、〈サイボーグ〉という経験が立ち現れるサイバー・カルチャーを、どのような自己と身体の解釈を顕在化させようとしているのかという視点から分析することが必要なのである。そして、その顕在化された自己と身体の解釈を、〈経験科学〉によってではなく、〈哲学〉によって概念化するのが今後の課題となると言えるだろう。先端テクノロジーを受容することで、我々は、どのように変容するのだろうか。人間は何になろうとしているのだろうか。人間であるとはどのような意味なのか。サイボーグであるとは何を意味するの

か。高橋透は、それらを考えるには哲学が必要なのだと論じている[36]。筆者の文脈で言えば、〈情報テクノロジーを受容することによって、我々はどのような自己と身体の解釈をうみだしつつあるのか〉ということを考えることができるのが、まさしく〈哲学〉なのである。

　最初に述べたように、東は、「旧時代の人文知」からの「現状批判」に興じているだけだとしたら、思想も論壇も滅びると論じている。本章の考察を受けるならば、東のこの指摘は、次のように言い換えることができるのではないだろうか。あなたが、あなたの関わる社会関係が構築してきた〈現実〉に基づいて、サイバー・カルチャーを介して新たに構築されつつある〈現実〉を批判するだけだったとする。そうであるとすれば、あなたが、教師だったり親だったりという〈権力〉を失った途端、あなたの〈現実〉は、いま新たに構築されつつある〈現実〉の側からの同じような批判にさらされるだろう。すなわち、"それは〈現実〉ではない"と。そのとき、あなたはどのように応えることができるだろうか。口をつぐむしかないのではないだろうか。この〈沈黙〉に陥らないためには、我々は、新しい自己と身体の解釈を概念化する〈哲学〉に目を向ける必要があるのである。

注
（１）前掲「新しい情報環境 道具あるなら使えばいい」
（２）旧日本社会情報学会（JASIおよびJSIS）、そして、両者が合併した社会情報学会（SSI）は、そのような立場からの研究が可能な貴重な場となっている。
（３）前掲『肉体のヌートピア』
（４）Haraway, op. cit., pp. 65-107.
　　改訂版の邦訳に、高橋さきの訳の前掲「サイボーグ宣言」と小谷真理訳の前掲「サイボーグ宣言」がある。
（５）Haraway, *Simians, Cyborgs, and Women*, pp. 183-201.

（6）Donna J. Haraway, *How Like a Leaf: An Interview With Thyrza Nichols Goodeve*, New York: Routledge, 2000, pp. 24-25. 邦訳が、ダナ・ハラウェイ／シルザ・ニコルズ・グッドイヴ『サイボーグ・ダイアローグズ』（高橋透／北村有紀子訳、水声社、2007年）に収められている。以下、引用の日本語訳やその表記はこの訳書に従った。邦訳では41ページ。
（7）*Ibid.*, p. 25.〔同書41ページ〕
（8）Kenneth J. Gergen, *An Invitation to Social Construction*, third edition, Los Angels: Sage, 2015.
　初版の邦訳に、ケネス・J・ガーゲン『あなたへの社会構成主義』（東村知子訳、ナカニシヤ出版、2004年）がある。以下、引用などの日本語訳やその表記は初版の訳書を参考にした。
（9）*Ibid.*, pp. 231-232.〔同書349―350ページ〕
（10）*Ibid.*, p. 22.〔同書77ページ〕
（11）Chris Hables Gray,"Cyborgology: 'Sciences of the Third Millennium' and 'Posthuman Possibilities'(2001)," reprinted in Bell ed., *op. cit.*, pp. 247-271.
（12）Ibid., p. 255.
（13）Ibid.
（14）Ibid., p. 256.
（15）Gergen, *An Invitation to Social Construction*, third edition, p. 220.〔前掲『あなたへの社会構成主義』328―329ページ〕
（16）Ian Hacking, *The Social Construction of What?*, Cambridge, Massachusetts: Harvard University Press, 1999, p. 6.〔イアン・ハッキング『何が社会的に構成されるのか』出口康夫／久米暁訳、岩波書店、2006年、14ページ〕。以下、引用などの日本語訳やその表記はこの邦訳に従った。
（17）*Ibid.*, p. 7.〔同書15ページ〕
（18）社会学者・北田暁大は、「社会問題の社会学」を「狭義の社会構築主義」と呼ぶ。それに対し、ポスト構造主義の言語理論などに示唆を受けて、社会学だけでなく文学、歴史学、文化研究などの諸領域で展開されている潮流、アイデンティティ構成に関わる

非本質主義を一つの議論の軸とする潮流のことを「広義の社会構築主義」と呼んでいる(北田暁大「ジェンダーと構築主義——何の構築主義か」、江原由美子／山崎敬一編『ジェンダーと社会理論』所収、有斐閣、2006年、25—36ページ)。
(19) James Robert Brown, *Who Rules in Science?: An Opinionated Guide to the Wars*, Cambridge, Massachusetts: Harvard University Press, 2001.〔ジェームズ・ロバート・ブラウン『なぜ科学を語ってすれ違うのか——ソーカル事件を超えて』青木薫訳、みすず書房、2010年〕
(20) Gergen, *An Invitation to Social Construction*, third edition, p. 231.〔前掲『あなたへの社会構成主義』349ページ〕
(21) Gergen, *An Invitation to Social Construction*, second edition, Los Angels: Sage, 2009, pp. 5-13.
　第二版のテーゼのまとめ方が最も詳しいため(他の版は四つにまとめている)、ここでは第二版に注目した。初版の邦訳〔前掲『あなたへの社会構成主義』〕で参考にしたのは71—76ページ。
(22) Kenneth J. Gergen, *Realities and Relationships: Soundings in Social Construction*, Cambridge, Massachusetts:Harvard University Press, 1994, pp. 53-54.〔K・J・ガーゲン『社会構成主義の理論と実践——関係性が現実をつくる』永田素彦／深尾誠訳、ナカニシヤ出版、2004年、67—68ページ〕。以下、引用などの日本語訳やその表記は、おおむねこの訳書に従った。ただし、筆者の判断で変更した個所がある。
(23) 永田素彦「訳者あとがき」、同書所収、388ページ
(24) Gergen, *Realities and Relationships*, p. 76.〔前掲『社会構成主義の理論と実践』99—100ページ〕
(25) *Ibid.*, pp. 77-78.〔同書101—102ページ〕
(26) *Ibid.*, pp. 78-79.〔同書102—103ページ〕
(27) *Ibid.*, pp. 76-77.〔同書100ページ〕
(28) *Ibid.*, p. 77.〔同書100—101ページ〕
(29) Deleuze and Guattari, *L'Anti-Œdipe*, p. 343.〔前掲『アンチ・オイディプス』下、134—135ページ〕

(30) Nadaud, *op. cit.*, p. 84.〔前掲『アンチ・オイディプスの使用マニュアル』99―100ページ〕
(31) Larry Laudan, *Science and Values: The Aims of Science and Their Role in Scientific Debate*, Berkeley: University of California Press, 1984.〔ラリー・ラウダン『科学と価値――相対主義と実在論を論駁する』小草泰／戸田山和久訳（「双書現代哲学」第8巻）、勁草書房、2009年〕。議論をまとめるに際しては、この訳書を参考にした。
(32) Deleuze and Guattari, *Qu'est-ce que la philosophie?*, pp. 190-191.〔前掲『哲学とは何か』286―289ページ〕。以下、引用などの日本語訳やその表記はこの訳書に従った。ただし、直接の引用ではない場合には、一部変更している。
(33) Colebrook, *op. cit.*〔前掲『ジル・ドゥルーズ』〕。以下、引用などの日本語訳やその表記はこの訳書に従った。ただし、直接の引用ではない場合には、一部変更している。
(34) *Ibid.*, pp. 1-27.〔同書29―61ページ〕
(35) *Ibid.*, pp. 103-123.〔同書199―236ページ〕
(36) 前掲『サイボーグ・フィロソフィー』4ページ

第9章
覆い隠された〈身体〉経験の顕在化に向けて
──サイバー・カルチャー研究の方法

はじめに

　マーク・デリーは、1992年の論文で、サイバー・カルチャーの主たる領域を、夢想的テクノロジー、非主流派科学、前衛芸術、ポップ・カルチャーに分けた。(1)一方、プラモード・K・ナーヤルは、サイバー・カルチャーを、「様々なテクノロジーやメディア形式が集合し交差する電子的環境」と定義し、ビデオ・ゲーム、インターネットと電子メール、個人のホームページ、オンライン・チャット、パーソナル・コンピュータ・テクノロジーなどを具体例として挙げている。(2)デリーとナーヤルの分析を総合するならば、サイバー・カルチャーは、誕生当初は文化や社会の主流ではないところで発達したサブ・カルチャー的なものを指していたのが、現在では、電子テクノロジーと関連した様々な文化的営為を広く指すものとなっていることがわかる。

　前述のようなサイバー・カルチャーの変化を〈身体論〉的な変化の観点から捉えた考察は第6章でおこなったが、そうしたサイバー・カルチャーの変化とともに、それらサイバー・カルチャーの研究にも変化が見られる。初期（主として1960年代から90年代初め）のサイバー・カルチャー研究は、サイバー・カルチャーに表された〈希望的近未来〉への希求を概念化する試みであった。

その〈希望的近未来〉とは、〈身体からの解放〉という欲望が電子テクノロジーにより実現された世界である(3)。例えば、ウィリアム・ギブスンの『ニューロマンサー(4)』などがそうした近未来を描くものとして注目を浴び、〈身体からの解放〉の実現という〈ユートピア〉への希求を概念化する研究の爆発的な蓄積をうみだすことになったのである。しかしながら、現在のサイバー・カルチャー研究は、電子テクノロジー社会に生きる我々がいままさにうみだしつつある経験世界を顕在化させる諸々の営為の概念化を試みるようになっている。例えば、今日のゲーム研究はサイバー・スペースを介して〈サイボーグ〉という経験が立ち現れ始めていることを論じつつあるのである(5)。

　ところで、筆者はまた、第8章などこれまでの考察で、ジル・ドゥルーズとフェリックス・ガタリの議論を参考にし(6)、一定の仕方で秩序化したときに覆い隠されてしまっている世界の可能性を提示するのが〈芸術〉であり、それを概念化しようとするのが〈哲学〉であるという考えを示してきた。すなわち、〈芸術〉と〈哲学〉は、一定の仕方で秩序化された世界での経験の流れから解き放たれたイメージや思考を扱うことができる。その意味で、〈芸術〉と〈哲学〉は、既存の秩序のもとでのあり方とは異なる経験を捉えるのに適していると見ることができるのである。そして、先に述べたように、サイバー・カルチャーには電子的環境を介して〈サイボーグ〉という経験が立ち現れ始めていることを表現する新たな動向がうまれつつあるのだが、その動向を捉える研究が〈経験科学〉という枠組みにとどまるならば、〈サイボーグ〉としての自己の身体の経験とはどのようなものかを具体的に明らかにすることは難しいと考えられる。経験の〈科学的〉な記述は、〈既に秩序化された世界についての首尾一貫した記述〉への収斂へと向かわざるをえないからである。

　そう考えるならば、現在の電子的環境がうみだしつつある経験

を顕在化させようとしている我々にいま求められているのは、様々なテクノロジーやメディア形式が集合し交差し合いながら展開するサイバー・カルチャーをドゥルーズとガタリが言うような〈芸術〉として捉える視点と言えるだろう。すなわち、〈サイボーグ〉という経験に光を当てつつあるサイバー・カルチャーを、それがどのような世界の可能性を顕在化させようとしているのかという視点から分析することが必要なのである。また、潜在的なものの顕在化を概念化しようとするという意味での〈哲学〉の視点が必要だろう。そして、そうした〈哲学〉を実践するために、従来の〈経験科学〉とは異なる方法が求められているのである。

実際、電子メディアによってうみだされつつある経験を分析するニュー・メディア・スタディーズでは、旧来のメディア・スタディーズとは異なる方法が試みられている。それが現象学的方法である。本章では、覆い隠された経験の顕在化を概念化する方法としての現象学的方法とはどのようなものかを明らかにしてみたい。

また、これまで述べてきたように、サイバー・カルチャー研究は、従来の美学的コンテクストを超えて文化を省察しようとする様々な取り組みに呼応する側面をもつのだが、そのような動きは関連の分野でも起こっている。その例がパフォーマンス研究である[7]。本章では、パフォーマンス研究とサイバー・カルチャー研究が共通に目指しているところを明らかにするとともに、今後のサイバー・カルチャー研究にも生かされると思われるパフォーマンス研究の概念について考えてみたい。

1 ニュー・メディア・スタディーズの
アプローチとしての現象学的方法

現象学的方法の視座

　ジョン・ドヴェイとヘレン・W・ケネディは、ニュー・メディア・スタディーズの方法の一つとして、科学や常識にとらわれず、主体にとっての経験の意味を記述する現象学的方法を導入している(8)。このように、経験を捉えるに際して現象学的方法が取られているのには理由がある。ドヴェイとケネディによれば、その現象学的方法は、モーリス・メルロ゠ポンティの「意識の身体化された性質」という主張、すなわち、感情と知覚は身体化されており、単なる「心的な状態」ではない、という主張が重要な理論的出発点になる(9)。そのメルロ゠ポンティの出発点は、精神と身体の二元論を放棄するような視座である(10)。すなわち、それは、我々の生きられた経験においては、あるものと他のものとの間に絶対的で堅固な境界線があるわけではないこと、したがって、身体自己（body-subject）や身体図式（body schema）では身体の境界も流動し移り変わっていくものであることを明るみに出していくのである。我々の〈身体〉経験は、皮膚の境界によって限界づけられているわけではない。我々は、常に世界の事物に開かれ絡み合っている。メルロ゠ポンティの身体自己や身体図式という概念、とりわけ、身体自己や身体図式の曖昧さや類型化の不可能性こそが、最近の理論の多くに見られる〈身体論〉の枠組みの大きな転換をうみだしてきたと言えるだろう。

　こうした二元論を放棄するような視座は、一定の仕方で秩序化したときに覆い隠されてしまっている世界の可能性を〈芸術〉と〈哲学〉によって顕在化させようとするドゥルーズとガタリの思想と相通じるものである。というのも、ドゥルーズとガタリは

「生成 (devenir ／ becoming)」の概念を用いた理論を展開しており、それは、いま述べたような境界線の流動、言い換えれば、通常覆い隠されていた経験をひもとくものだからである。「生成」の理論では、「生成」は、個々人の最も基本的な世界との関係、そして自己との関係を変化させるような突然の出来事である。ライダー・デューが言うように、「生成」においては、「人物の外的な規定が段階的に変動するわけではないのであり、人物そのものが変わるのである」。それは、終わることがない動きであり、不変の境界をもたないプロセスである。しかも、それは、一瞬前そうであった状態から流れ出るものではないため、予期できないものである。「生成」はランダムな変動なのである。

ところで、我々は日々自身の身体像を再構築していく可能性をもつが、新たな道具を使う際には、身体像の再構築のプロセスが明確に意識化されうる。道具は最初のうち自身の身体の異物として意識されるかもしれない。しかしながら、その道具に慣れその使用が習慣化されるならば、道具を自分の身体の一部のように使うことができるようになる。

メルロ＝ポンティは、習慣によって身体の一部のようになった盲人の杖を例に取って、「盲人の杖は彼にとってはもはや一つの対象ではなくなっている。もはやそれ自身としては知覚されず、その先端は感受性をもった地帯に変わってしまっている。杖は触覚の幅と範囲を増大させ、まなざしに似たものとなっている」と言う。メルロ＝ポンティは次のようにも論じる。すなわち、「杖が使い馴れた道具となると、触覚的対象の世界は後退して、手の皮膚から始まるのではなく、杖の先端から始まるようになる」。杖はもはや「与えられた与件」ではない。杖はもはや盲人が「知覚する対象」ではなく、それでもって「知覚する道具」となる。かくして、メルロ＝ポンティによれば、習慣とは、「「世界への存在」を膨張させるわれわれの能力、あるいは新しい器具をおのれ

に添加することによって実存を変えるわれわれの能力、の表現」にほかならない。つまり、我々は、習慣を通じて身体の一部のように道具を使いこなすことができるようになるのだが、そのような道具の使用の習慣化、つまり、道具の身体経験への取り込みによって身体像の修正や変更をうみだしていくのである。

　ドゥルーズとガタリは、身体の統合を再構成する〈機械的接続〉こそが既存の秩序によって覆い隠されてしまっている経験をもたらすと考えていたようだが、メルロ゠ポンティにとってもまた、道具の新たな使用こそが、我々の身体解釈の変容の瞬間を顕在化させるものだったと考えることができるだろう。道具は身体経験に取り入れられ、身体経験を変える。道具との〈新たな接合〉は、既存の秩序に回収されない経験の再分節化を可能にするのである。このような点でも、現象学的視座は、既存の秩序のもとでのあり方と異なる経験の顕在化を理論化しようとするドゥルーズとガタリの思想に呼応しているのである。

　だが、ここで明らかにしておかなければならないのは、サイバー・カルチャー研究で用いられる場合、現象学的方法は、事象の〈本質〉を取り出そうとする試みをおこなっているわけではないことである。ナミン・リー（Namin I. Lee）は、フッサール現象学の、普遍的なものである本質を把握する方法としての現象学的方法を形相的－現象学的研究と呼び、一方、体験の本質的構造ではなく、その事実的構造を把握しようする研究を事実的－現象学的研究と呼んでいる。リーの見解では、「哲学以外の様々な経験的領域の専門家によって遂行された体験の現象学的研究のほとんどは、体験の本質的構造を把握しようとはせず、その事実的構造を把握しようとしている」。サイバー・カルチャー研究で用いられる現象学的方法も、決して〈本質〉を把握する試みではない。したがって、リーの議論を参考にするならば、それは哲学的方法ではあるが、事実的な現象学的方法というアプローチによってお

こなわれる試みである。本質を取り出す方法としての現象学とは一線を画する現象学的方法の立場からするならば、イングリッド・リチャードソンとカーリー・ハーパーが指摘するように、メルロ゠ポンティも、身体の経験を本質化してしまい、複合的でしばしば変化に富んだ特殊性のなかで身体がどのように生きられているのかについての考察を十分になしえていたとは言えない。(19)我々の現象学的な方法では身体の文化的・社会的・歴史的なコンテクストの認識は不可欠である。したがって、リチャードソンとハーパーの議論に見るように(20)、メルロ゠ポンティの現象学は、現代のフェミニズム理論などによって補われる必要があったのである。

〈本質〉を取り出そうという態度は、現象を何らかの世界の現れとして捉えることであり、現象をその現象たらしめている起源を想定することである。しかしながら、そのような〈本質〉を取り出すのではない態度に拠って立つ現象学的方法は、そうした起源も基礎も想定しない。「シミュラークル」、あるいは、「イメージ」という概念を導入し現象学を変形することで、現象を何らかの世界の現れとしてではなく、現れそのものとして捉えようとしたドゥルーズの試みは、「現象学のラディカル化」、あるいは、「現象学に対するラディカルな批判」と見なされてもいる。(21)サイバー・カルチャーの研究において我々が取る現象学的方法も、現れを現れとして捉えるという点ではドゥルーズの立場にくみするものであり、そうであるとすれば「現象学のラディカル化」にほかならないといえるだろう。

現象学的方法に関連して澤野雅樹が指摘する罠についても、ここで触れておきたい。澤野は、現象学的還元において、次のような罠に陥らないようにと警鐘を鳴らす。(22)その罠とは、第一に、「我々の生を実生活で獲得した部分と知らない内に忍び込んだ虚構の産物とに腑分けし、段階や程度に応じて捌(さば)くなどという無意

味な振る舞いに及ぶこと」、第二に、「虚構と現実を混同し錯乱する可能性を想定して、警鐘を鳴らすといった、これまた凡庸に過ぎる道徳訓を垂れ流してしまうこと」、第三に、「虚構を生きることはできないという、これまた何を根拠に言いだしたのかわからない命題を口にして、シニカルな現実至上主義の立場から人の夢や楽しみに口をはさみ、こき下ろすこと」などである。本章がくみしてきた〈ラディカル化された現象学〉的方法論を取るかぎり、澤野が言うような罠にはまることはないだろう。その現象学的方法は、素朴な「現実至上主義者」の常識的な区別を持ち込むことはしないのである。むしろ、我々の現象学的方法は、素朴な「現実至上主義者」が生きる既存の秩序とは異なる世界を明らかにするものであることは強調してもしすぎることはない。そして、現在のサイバー・カルチャーが顕在化させようとする経験は、ラディカルな現象学の立場によってしか明らかにしえないと言えるだろう。

解釈学的な現象学的方法

次に述べておかなければならないのは、現象学的方法は、多くの場合「解釈学的方法」を必要な構成要素として要求することである。[23] というのも、経験は、その研究に携わる者が、自己反省を通して直接的に把握しうるものと、内省を通じて直接には把握できないものの二種類に分けられるからである。第二の種類の経験は、研究に携わる者が直接には把握できない他者の経験や自身の経験であっても過去のものとなっている経験などがそれに当たる。第一の種類の経験の場合は、研究に携わる者によって直接的に内省という方法によって把握されるので、それらの経験を捉えるために解釈学的方法が要請されるということはない。それに対して、第二の種類の経験は直接的に内省によって把握されるものではなく、解釈によって間接的にだけ把握されるのであり、解釈学的方

法が必要となる。この場合、解釈学的方法は現象学的方法にとって不可欠な要素であり、現象学的研究を遂行するためには解釈学的研究が必要とされるのである。

　例えば、アーティストであり理論家であるモニカ・フライシュマンを例に考えてみよう。フライシュマンは、身体がテクノロジーや環境とどのように相互作用しているのかに関する現象学的研究に取り組んだ。フライシュマンは、脱身体化という理論に反して、身体と芸術とテクノロジーの「陽気な」相互作用としてデジタルな接続を利用するが、自身の試みを説明するのに、「ヴァーチャル・リアリティ」のかわりに「混合された現実（mixed reality）」という概念を用いた。それは、より正確に、我々とテクノロジーとの関係を理解するための概念である。フライシュマンは、そのプロジェクトにおいて、物理的な身体、その仮想的表象、人間の想像力、コンピュータのハードウェアとソフトウェア、それらすべてが相互に作用し合い、物質的要素と仮想的要素をもつ現実がうみだされていることを示した。そして、そうした我々とテクノロジーとの関係のあり方を「混合された現実」という概念によって捉えようとしたのである。

　また、電子テクノロジーを用いた様々なパフォーマンスをおこなっているステラークも、インタビューなどを通じて、自身のパフォーマンスについて〈内省〉をおこなっている。第6章でも述べたように、例えば、「廃れた身体」というステラークの代名詞とも言うべきテーゼに関しては、我々は身体を離脱して動くことができず、身体を無視できないことを表現しようとした、と語っている。ステラークは、そのテーゼを通じて、「"私の物理的身体"と対置される"私"のデカルト的な劇場」という観念から離れ、身体のデザインの再考を試みようとしているのである。

　アーティストであり自身の作品の批評家でもあるフライシュマンとステラークの考察は、自身の作品に対する内省的な分析の例

と位置づけることができるだろう。そして、彼らの内省的な分析は、先に述べた二つの種類の現象学的方法のうち、解釈学的方法を必要とはしない現象学的方法によっておこなわれたと言っていいだろう。一方、その作品を創作したアーティスト以外の者が、アーティストの内省的な分析や作品を通じてアーティストがどのような経験を表現しようとしているのかを解釈する場合には、解釈学的な現象学的方法を取ったことになるだろう。

　また、同様の議論がゲームの現象学的研究にも成り立つと言えるだろう。我々は、研究に当たって自らゲームプレイをおこなうことにより、内省的な分析をおこなうことができる。それは、直接的に経験を把握することによって遂行される現象学的方法であり、解釈学的方法が求められることはない。一方、プレイヤーではない研究者によりプレイヤーが内省によって記述した経験の解釈がおこなわれた場合、その研究は解釈学的な現象学的方法によりおこなわれたのである。

　例えば、ドヴェイとケネディは、プレイヤーがゲームの経験を語るとき、私はそこに行った、私はそうした、など一人称を用いることを捉え、触覚的・聴覚的・視覚的な刺激の結合を通じて身体化された経験がプレイヤーにフィードバックされることが、プレイヤーにゲームのなかに「いる」という感覚をもたらすと指摘している[29]。また、彼らは、「女性プレイヤー」の研究に言及し、ゲーム空間へのアクセスは、彼女らの日常生活では必ずしも経験することができない「動きの自由」、すなわち、行為主体およびコントロールの感覚を経験できる手段となっていると述べている[30]。これらの分析はプレイヤーが内省によって記述した経験を解釈しており、それは解釈学的な方法をともなう現象学的方法となっていると言えるだろう。

　こうして見てくると、サイバー・カルチャーが顕在化させる、既存の秩序のもとでのそれとは異なる経験を捉える試みは、内省

的な現象学的方法と解釈学的な現象学的方法の二つを用いながらおこなわれてきたことは確かだろう。そして、この事情は今後も続くと考えられるのである。

2　パフォーマンス研究との共通点

　ところで、筆者は、サイバー・カルチャー研究は、「表現芸術を美学的コンテクストにおいてのみ論ずるのではなく、文化を省察的(リフレクシブ)に映し出し、新たに造り出す知的探究[31]」として生起したパフォーマンス研究と重要な点で共通点をもつと考えている。本節では、パフォーマンス研究とサイバー・カルチャー研究がどのような点で共通しているのか、そして、サイバー・カルチャー研究はパフォーマンス研究の方法論からどういうことが学べるのかを検討してみたい。

分析の対象をめぐって

　高橋雄一郎は、「パフォーマンス研究」の分析の対象となる「パフォーマンス」とは、「一、舞台芸術、芸能として捉えられるパフォーマンス」「二、日常生活におけるパフォーマンス」「三、文化的パフォーマンス」に分類できるとし、次のように論じる[32]。一は、「英語の「パフォーミング・アーツ」という単語で括られる、映画、演劇、ダンスなど、観客を意識した「演技」であり、舞台芸能や身体芸術とも言い換えられる」ものである。二は、「何げない普段の生活もまた、さまざまなパフォーマンスの集積だという認識に基づく」ものだが、アーヴィング・ゴフマン（Erving Goffman）が、自己を呈示するパフォーマンスが自他との間に関係性を構築し、コミュニケーションを成立させるために不可欠だという認識から、パフォーマンスを「特定の観察者の目前

に留まっているあいだに起こる個人の活動で、観察者側になんらかの影響を及ぼすことのすべて」と定義したのをルーツとする。三は、インド各地で特定のフォーマットをもって繰り返し実施される祭祀や芸能に、その土地に固有な文化の本質を見出そうとした文化人類学者ミルトン・シンガー（Milton Singer）の造語「文化的パフォーマンス」に由来するものであるが、同じく文化人類学者のジョン・マカルーン（John J. MacAloon）が「文化や社会全体が、自らについて省察し、自らを定義し、自らの集合的な神話と歴史を演じること」と定義するものに当たる。宗教儀礼や、国家によりプロデュースされるパフォーマンスは、民族の起源にまつわる神話や共同体の歴史を演劇的な手法を使って再現する。その際、参加者や観客、あるいは、テレビの視聴者は、呈示された物語を自らとの関係性において振り返り、身体化された記憶として受け入れていくのである。

　高橋によれば、これらのいずれかの領域に限定されないパフォーマンスも多い。例えば、選挙キャンペーンにおける候補者の行動は有権者に影響を与えようとする自己呈示だが、「観客に見せる演技や演出」がおこなわれている点では舞台上のパフォーマンスに近い。さらに候補者に特定の行動パターンを要求する選挙そのものは、共同体を維持するための文化的パフォーマンスと捉えることができる。いずれにしても、こうしたパフォーマンスはすべて、何らかの点で文化の組成に関与しているのである。

　筆者は、サイバー・カルチャー研究で分析の対象となるのも、高橋が言うような「パフォーマンス」だと考えている。「はじめに」で述べたように、デリーとナーヤルの分析を総合して、それを〈電子テクノロジーと関連した様々な文化的営為を広く指すもの〉と捉えるならば、サイバー・カルチャーは、いわゆるパフォーミング・アーツから日常の生活のパフォーマンス、そして、社会的な性格を強く示すパフォーマンスをも射程に入れつつあると

言える。しかも、それらの三つの領域は、互いに絡み合いながらサイバー・カルチャーを組成しているのである。

　さらに言えば、分析の対象を「パフォーマンス研究」が射程とするような対象と捉えることにより、先述の〈内省的な現象学的方法〉と〈解釈学的な現象学的方法〉という二つの方法の有効性がより明らかになるだろう。すなわち、パフォーミング・アーツと言われる「高い技量を伴うコミュニケーションの様態であり、特殊なフレームを用いて観客に呈示されるもの」については、研究者は、多くの場合〈解釈学的な現象学的方法〉を取らざるをえないだろう。しかし、日常のパフォーマンスや社会儀礼としてのパフォーマンスについては、〈内省的な現象学的方法〉を取ることもできるだろう。そして、そのような二つの方法を駆使することにより、対象の分析は多角的・重層的なものになりうると考えられるのである。

パフォーマンス研究の重要概念をめぐって

　1980年代、世界で初めてパフォーマンス研究科を発足したアメリカ・ニューヨーク大学の2013年11月時点のウェブサイトによれば、パフォーマンス研究とは、「パフォーマンスが意味をうみだし社会生活を形成する仕方を探究する」ものである。そのサイトではさらに、パフォーマンスを、博物館や食べ物から日常生活の風景や美学まで、広い範囲の行動や状況を研究するための概念として用いること、また、選挙がいかに組織化されているか、あるいは、ジェンダーやセクシュアリティがいかに行為遂行的なものであるかを考えるための理論的レンズとして用いることが明言されている。その研究対象としては、ポストモダン・ダンスやヒップ・ホップ、世界博覧会や口承芸術、パフォーマンス・アートや舞台演劇、憑依や政治集会、法廷、舞踏やボードビル、カポエイラ、オリンピック、ジャズなどが意識的に序列化を避けたと

思われるような形で列挙されている。

　高橋がこのように対象を拡大しているパフォーマンス研究で注目すべきものとして取り上げている概念の一つに、次のようなヴィクター・ターナー（Victor Turner）の「リミノイド」という概念がある。[39]ターナーは儀礼の中核をなす「リミナリティ（過渡性）」を秩序の逆転状態と説明し、それを「反構造」とも呼ぶが、この「リミナリティ（過渡性）」は、部族社会では機能的に作用し、一般的には儀礼や祭礼の終了とともに消滅して、それ以前の秩序が回復される。逆に言えば、秩序の逆転状態が続けば社会の存続がままならないのである。しかし、産業革命以降の社会では、決められた祝祭日や季節の変わり目に必ずめぐってくる儀礼とは異なり、価値が宙吊りされ逆転された状態は、遊園地、歓楽街、映画や演劇、旅行など休暇や余暇に使われる時空にいくらでも見いだすことができる。ターナーによれば、現代社会におけるこうした現象や行動を「リミナルに類似した」という意味で「リミノイド」と命名しているが、リミノイドは部族社会の機能性、あるいは、マルクス主義における下部構造の役割を果たす必要に縛られないので、パフォーマンスは自由で創造的になり、体制に対しては抵抗的で、オルタナティブな実践に結び付きやすいのである。

　このように、パフォーマンス研究は、既存の秩序にとって攪乱的な実践を把握しようという試みをその重要な要素とし、そのための概念装置を発展させている。「パフォーマンス」は、「オルタナティブを呈示し、最終的に何がしかの変化をもたらす」ような実践を把握するための〈理論的レンズ〉となりうるものなのである。[40]

　もっとも、高橋に見るところでは、パフォーマンス研究は、既存の秩序の「維持」と「転覆」という双方向のはたらきを問題化してきている。[41]すなわち、ターナーの「リミナリティ（過渡性）」は、価値の逆転や一時的停止が、秩序の回復へ向かうか、分裂へ

向かうかという両義性を備えていた。反復によって意味や記憶が固定化され、身体化・内在化されると考えれば、パフォーマンスは、「抑圧的な暴力」としてはたらく。しかしながら、仮想された状態で創造されるものが抑圧的にはたらくとはかぎらない。パフォーマンスは解放の手段ともなりうる。というのも、パフォーマンスは、「確固たる足場と安全の保障された直接法現在という位置を放棄し、価値の一旦停止された仮定法過去の混沌とした領域を旅した上で、未来に向かって自分自身を投企する」ような経験を我々にもたらすこともあるからである。

　パフォーマンス研究は、既存の秩序の「転覆」だけを問題にしてきたわけではない。だが、オルタナティブな実践に光を当てることを試みてきているのは確かである。これは、サイバー・カルチャー研究の新たな潮流、すなわち、既存の秩序のもとでのあり方とは異なる経験の表現に目を向けそれを概念化しようとする試みに呼応するものである。そう考えるならば、サイバー・カルチャー研究は、パフォーマンス研究が蓄積しつつある諸概念から多くを学ぶことができると予想されるのである。

おわりに

　本章では、電子テクノロジー社会に生きる我々がいままさにうみだしつつある経験を顕在化させ始めているサイバー・カルチャーに目を向け、その研究のために用いられるようになっている〈現象学的方法〉について考察をおこなった。ここでの現象学的方法は、〈哲学〉のための方法である。しかしながら、その方法は、現象学を専門とする哲学者が提唱する事象の〈本質〉を取り出す試みではない。筆者がくみする現象学的方法は、〈ラディカル化された現象学〉的方法である。さらに、この現象学的方法は

解釈学的方法を要請するものである。

　また、本章では、「表現芸術を美学的コンテクストにおいてのみ論ずるのではなく、文化を省察的に映し出し、新たに造り出す知的探究」としてのパフォーマンス研究に目を向けることにより、そこから有効な分析概念を取り入れることができるのではないかということも示した。

　いずれにせよ、本章では、一貫して、"既存の秩序によって覆い隠されてきた世界の可能性を顕在化するのが〈芸術〉であり、それを概念化するのが〈哲学〉である"という考えを基にして議論を展開してきた。最後に確認しておきたいのは、第6章でも述べたように、それは、起源や実在など、背後にある何ものかを顕在化し概念化する試みではないことである。覆い隠されてきた世界の可能性とは、世界の進行中のプロセス、流れそのもののなかにあるものなのである。

　ところで、潜在しており意識化されてはいない世界のあり方は、〈意味の余剰〉(42)に支えられていると考えられるだろう。世界を分節する我々の〈記号〉の意味は一義的には決まらない。常に余剰にさらされている。そして、そこにこそ、「生成」の可能性が潜んでおり、「逃走線」(43)が既存の地平を再構築する可能性が潜んでいると言えるだろう。今後は、さらに既存の秩序によって覆い隠されてきた世界の可能性を顕在化させる〈芸術〉を取り上げ、それらの〈芸術〉が明らかにする経験を概念化する試みを積み重ねていきたいと考えている。

注
（1）Dery, op. cit., pp. 501-523.
（2）Nayar, *An Introduction to New Media and Cybercultures*; Nayar, "Introduction."
（3）Brians, op. cit., pp. 117-143.

(4) Gibson, *op. cit.*〔前掲『ニューロマンサー』〕
(5) Dovey and Kennedy, *op. cit.*
(6) Deleuze and Guattari, *Qu'est-ce que la philosophie?.*〔前掲『哲学とは何か』〕
(7) 2013年度の社会情報学会大会の若手によるワーク・ショップ「遍在するスクリーンを理解する――その方法と可能性」では、フィルム・スタディーズがスクリーン・スタディーズへと転換しつつあることが議論されたが、この動きもその一つの例と言えるだろう。
(8) Dovey and Kennedy, *op. cit.*
(9) *Ibid.*, p. 106.
(10) Richardson and Harper, op. cit.
(11) Deleuze and Guattari, *Mille Plateaux*〔前掲『千のプラトー』〕; Deleuze and Parnet, *op. cit.*〔前掲『対話』〕
　この語は繰り返し出てくるため、直接の引用でも特定のページを記載しなかった。
　この概念については、第6章の注（56）も参照のこと。
(12) Due, *op. cit.*, p. 142.〔前掲『ドゥルーズ哲学のエッセンス』251―252ページ〕。以下、引用の日本語訳やその表記はこの訳書に従った。
(13) Merleau-Ponty, *op. cit.*, p. 167.〔前掲『知覚の現象学』243ページ〕。以下、引用などの日本語訳やその表記はこの訳書に従った。ただし、直接の引用ではない場合には、一部変更している。
(14) *Ibid.*, pp. 177-178.〔同書257ページ〕
(15) *Ibid.*, p. 168.〔同書244ページ〕
(16) Deleuze and Guattari, *L'Anti-Œdipe.*〔前掲『アンチ・オイディプス』〕
(17) ナミン・リー「現象学と質的研究の方法」吉田聡訳、「死生学研究」第12号、東京大学大学院人文社会系研究科、2009年、8―34ページ
(18) 同論文25ページ
(19) Richardson and Harper, op. cit.
(20) Ibid.

(21) Colebrook, *op. cit.*, p. 6.〔前掲『ジル・ドゥルーズ』20—21ページ〕。引用の日本語訳やその表記はこの訳書に従った。
(22) 澤野雅樹『ドゥルーズを「活用」する！――自分で考える道具としての哲学』彩流社、2009年、133ページ
(23) 前掲「現象学と質的研究の方法」29—30ページ
(24) UNESCO Digital Arts Portal, op. cit.
(25) Brians, op. cit., pp. 125-126.
(26) Zylinska and Hall, op. cit., pp. 114-130.
(27) Ibid., p. 121.
(28) Ibid.
(29) Dovey and Kennedy, *op. cit.*, pp. 111-113.
(30) *Ibid.*, pp. 117-119.
(31) 高橋雄一郎『身体化される知――パフォーマンス研究』せりか書房、2005年、28ページ
(32) 同書17—20ページ
(33) Erving Goffman, *The Presentation of Self in Everyday Life*, New York: Doubleday, 1959, p. 22. 邦訳に、E・ゴッフマン『行為と演技――日常生活における自己呈示』（石黒毅訳、誠信書房、1974年）があるが、ここでは前掲『身体化される知』内の日本語訳に従った。
(34) Milton Singer, *When a Great Tradition Modernizes: An Anthropological Approach to Indian Civilization*, New York: Praeger, 1972.
　この語は繰り返し出てくるため、特定のページを記載しなかった。
(35) John J. MacAloon, "Introduction: Cultural Performances, Cultue Theory," in John J. MacAloon ed., *Rite, Drama, Festival, Spectacle: Rehearsals Toward a Theory of Cultural Performance*, Philadelphia: Institute for the Study of Human Issues, 1984, p. 1. 邦訳に、ジョン・J・マカルーン編『世界を映す鏡――シャリヴァリ・カーニヴァル・オリンピック』（光延明洋／今福龍太／上野美子／高山宏／浜名恵美訳〔テオリア叢書〕、平凡社、1988年）があるが、以下、この書からの引用は前掲『身体化される知』内の日

本語訳やその表記に従った。
(36) 前掲『身体化される知』20ページ
(37) Richard Bauman, "Performance," in Richard Bauman ed., *Folklore, Cultural Performances, and Popular Entertainments: A Communications-Centered Handbook*, New York: Oxford University Press, 1992, p. 41. 日本語訳やその表記は、前掲『身体化される知』内のものに従った。
(38) Tisch School of the Arts at NYU, "What is Performance Studies?"（http://performance.tisch.nyu.edu/object/what_is_perf.html）［2013年11月10日アクセス］
(39) Victor W. Turner, *From Ritual to Theatre: The Human Seriousness of Play*, New York: Performing Arts Journal Publications, 1982, pp. 20-60. ここでのターナーの概念の説明は前掲『身体化される知』に従った。
(40) MacAloon, op. cit., p. 1.
(41) 前掲『身体化される知』50—51ページ
(42) Laclau and Mouffe, *op. cit.*, p. 111.〔前掲『ポスト・マルクス主義と政治』179ページ〕
　この概念については、第6章の注（55）も参照のこと。
(43) Deleuze and Guattari, *Mille Plateaux*〔前掲『千のプラトー』〕; Deleuze and Parnet, *op. cit.*〔前掲『対話』〕。この語も繰り返しでてくるため、特定のページを記載しなかった。

引用・参考文献など一覧

〔洋書〕（アルファベット順）

Adams, Carol J., "'This Is Not Our Fathers'Pornography': Sex, Lies, and Computers," in Charles Ess ed., *Philosophical Perspectives on Computer-Mediated Communication*, Albany: State University of New York Press, 1996, pp. 147-170.

Badmington, Neil ed., *Posthumanism*, Palgrave, 2000.

Bauman, Richard, "Performance," in Richard Bauman ed., *Folklore, Cultural Performances, and Popular Entertainments: A Communications-Centered Handbook*, New York: Oxford University Press, 1992, pp. 41-49.

Bolter, Jay David, and Richard Grusin, "Self(1999)," reprinted in David Bell ed., *Cybercultures*, Vol. 4, London: Routledge, 2006, pp. 3-29.

Braidotti, Rosi, *The Posthuman*, Cambridge: Polity Press, 2013.

Brians, Ella, "The 'Virtual' Body and the Strange Persistence of the Flesh: Deleuze, Cyberspace and the Posthuman," in Laura Guillaume and Joe Hughes eds., *Deleuze and the Body*, Edinburgh: Edinburgh University Press, 2011.

Brown, James Robert, *Who Rules in Science?: An Opinionated Guide to the Wars*, Cambridge, Massachusetts: Harvard University Press, 2001.〔ジェームズ・ロバート・ブラウン『なぜ科学を語ってすれ違うのか――ソーカル事件を超えて』青木薫訳、みすず書房、2010年〕

Butler, Judith, *Gender Trouble: Feminism and the Subversion of Identity*, New York: Routledge, 1990.〔ジュディス・バトラー『ジェンダー・トラブル――フェミニズムとアイデンティティの攪乱』竹村和子訳、青土社、1999年〕

Butler, Judith, *Bodies That Matter: On the Discursive Limits of "Sex"*, New York: Routledge, 1993.

Butler, Judith, *Excitable Speech: A Politics of the Performative*, New York: Routledge, 1997.〔ジュディス・バトラー『触発する言葉——言語・権力・行為体』竹村和子訳、岩波書店、2004年〕

Clark, Stephen R. L., *Philosophical Futures*, Frankfurt am Main: Lang, 2011.

Colebrook, Claire, *Gilles Deleuze*, London: Routledge, 2002.〔クレア・コールブルック『ジル・ドゥルーズ』國分功一郎訳(シリーズ現代思想ガイドブック)、青土社、2006年〕

Connell, Raewyn, *Gender: In World Perspective*. second edition, Cambridge: Polity Press, 2009.〔初版の邦訳に、R・コンネル『ジェンダー学の最前線』(多賀太監訳〔Sekaishiso seminar〕、世界思想社、2008年)がある。〕

Davis, Erik, "Techgnosis, Magic, Memory, and the Angels of Information," in Mark Dery ed., *Flame Wars: The Discourse of Cyberculture*, Durham: Duke University Press, 1994, pp. 29-60.

Deleuze, Gilles, *Différence et répétition*, Paris: Presses universitaires de France, 1968.〔ジル・ドゥルーズ『差異と反復』上・下、財津理訳(河出文庫)、河出書房新社、2007年〕

Deleuze, Gilles, and Félix Guattari, *L'Anti-Œdipe: capitalisme et schizophrénie*, Paris: Éditions de Minuit, 1972.〔ジル・ドゥルーズ/フェリックス・ガタリ『アンチ・オイディプス——資本主義と分裂症』上・下、宇野邦一訳(河出文庫)、河出書房新社、2006年〕

Deleuze, Gilles, and Félix Guattari, *Mille Plateaux*, Paris: Éditions de Minuit, 1980.〔ジル・ドゥルーズ/フェリックス・ガタリ『千のプラトー——資本主義と分裂症』宇野邦一/小沢秋広/田中敏彦/豊崎光一/宮林寛/守中高明訳、河出書房新社、1994年〕

Deleuze, Gilles, and Félix Guattari, *Qu'est-ce que la philosophie?*, Paris: Éditions de Minuit, 1991.〔ジル・ドゥルーズ/フェリックス・ガタリ『哲学とは何か』財津理訳、河出書房新社、1997年〕

Deleuze, Gilles, and Claire Parnet, *Dialogues*, nouvelle édition augmentée, Paris: Flammarion, 1996.〔ジル・ドゥルーズ／クレール・パルネ『対話』江川隆男／増田靖彦訳、河出書房新社、2008年〕

Dennett, Daniel C., *Consciousness Explained*, Boston: Little, Brown and Company, 1991.〔ダニエル・C・デネット『解明される意識』山口泰司訳、青土社、1998年〕

Dery, Mark, "Cyberculture," *South Atlantic Quarterly*, 91(3), 1992, pp. 501-523.

Dibbell, Julian, "A Rape in Cyberspace: How an Evil Clown, a Haitian Trickster Spirit, Two Wizards, and a Cast of Dozens Turned a Database Into a Society," *The Village Voice*, Dec 23, 1993. (http://www.juliandibbell.com/texts/bungle_vv.html)〔2013年2月17日アクセス〕

Dovey, Jon, and Helen W. Kennedy, *Game Cultures: Computer Games as New Media*, Maidenhead: Open University Press, 2006.

Due, Reidar, *Deleuze*, Cambridge: Polity Press, 2007.〔ライダー・デュー『ドゥルーズ哲学のエッセンス——思考の逃走線を求めて』中山元訳、新曜社、2009年〕

Ess, Charles, "The Political Computer: Democracy, CMC, and Habermas," in Charles Ess ed., *Philosophical Perspective on Computer-Mediuted Communications*, Albany: State University of New York Press, 2006, pp. 197-230.

Friedman, Ted, "Civilization and Its Discontents: Simulation, Subjectivity, and Space," in Greg M. Smith ed., *On a Silver Platter: CD-ROMs and the Promises of a New Technology*, New York: New York University Press, 1999, pp. 132-150.

Ford, Paul J., "Virtually Impacted: Designers, Spheres of Meaning, and Virtual Communities," in Mark J. P. Wolf ed., *Virtual Morality: Morals, Ethics, and New Media*, New York: Peter Lang, 2003, pp. 79-93.

Gray, Chris Hables, "Cyborgology: 'Sciences of the Third Millennium' and 'Posthuman Possibilities'(2001)," reprinted in David Bell ed., *Cyberculture*, Vol.4, 2006, pp. 247-271.

Gergen, Kenneth J., *The Saturated Self: Dilemmas of Identity in Contemporary Life*, New York: Basic Books, 1991.

Gergen, Kenneth J., *Realities and Relationships: Soundings in Social Construction*, Cambridge, Massachusetts: Harvard University Press, 1994.〔K・J・ガーゲン『社会構成主義の理論と実践――関係性が現実をつくる』永田素彦／深尾誠訳、ナカニシヤ出版、2004年〕

Gergen, Kenneth J., *An Invitation to Social Construction*, London: Sage, 1999.〔ケネス・J・ガーゲン『あなたへの社会構成主義』東村知子訳、ナカニシヤ出版、2004年〕

Gergen, Kenneth J., *An Invitation to Social Construction*, second edition, Los Angels: Sage, 2009.

Gergen, Kenneth J., *An Invitation to Social Construction*, third edition, Los Angels: Sage, 2015.

Gibson, William, *Neuromancer*, New York: Ace Books, 1984.〔ウィリアム・ギブスン『ニューロマンサー』黒丸尚訳（ハヤカワ文庫SF）、早川書房、1986年〕

Goffman, Erving, *The Presentation of Self in Everyday Life*, Doubleday, 1959.〔E・ゴッフマン『行為と演技――日常生活における自己呈示』石黒毅訳、誠信書房、1974年〕

Gomel, Elana, *Science Fiction, Alien Encounters, and the Ethics of Posthumanism: Beyond the Golden Rule*, Basingstok: Palgrave Macmillan, 2014.

Goodman, Nelson, *Ways of Worldmaking*, Indianapolis: Hackett, 1978.〔ネルソン・グッドマン『世界制作の方法』菅野盾樹訳（ちくま学芸文庫）、筑摩書房、2008年〕

Goodman, Nelson, and Catherine Z. Elgin, *Reconceptions in Philosophy and Other Arts and Sciences*, Indianapolis: Hackett, 1988.〔N・グッドマン／C・Z・エルギン『記号主義――哲学の新たな構想』菅野盾樹訳、みすず書房、2001年〕

Green, Eileen, and Alison Adam eds., *Virtual Gender: Technology, Consumption and Identity*, London: Routledge, 2001.

Hacking, Ian, *Rewriting the Soul: Multiple Personality and the Sciences of Memory*, Princeton: Princeton University Press, 1995.〔イアン・ハッキング『記憶を書きかえる――多重人格と心のメカニズム』北沢格訳、早川書房、1998年〕

Hacking, Ian, *The Social Construction of What?*, Cambridge, Massachusetts: Harvard University Press, 1999.〔イアン・ハッキング『何が社会的に構成されるのか』出口康夫/久米暁訳、岩波書店、2006年〕

Hall, Stuart, "Introduction: Who Needs 'Identity'?," in Stuart Hall and Paul Du Gay eds., *Questions of Cultural Identity*, London: Sage, 1996, pp. 1-17.〔スチュアート・ホール「誰がアイデンティティを必要とするのか?」宇波彰訳、スチュアート・ホール/ポール・ドゥ・ゲイ編『カルチュラル・アイデンティティの諸問題――誰がアイデンティティを必要とするのか?』所収、宇波彰監訳・解説、大村書店、2001年、7―35ページ〕

Haraway, Donna J., "A Manifesto for Cyborgs: Science, Technology, and Socialist Feminism in the 1980s," *Socialist Review*, 80, 1985, pp. 65-107.〔改訂版の邦訳に、高橋さきの訳「サイボーグ宣言――20世紀後半の科学、技術、社会主義フェミニズム」(ダナ・ハラウェイ『猿と女とサイボーグ――自然の再発明』所収、高橋さきの訳、青土社、2000年、285―348ページ)と小谷真理訳「サイボーグ宣言――1980年代の科学とテクノロジー、そして社会主義フェミニズムについて」(ダナ・ハラウェイ/サミュエル・ディレイニー/ジェシカ・アマンダ・サーモンスン、巽孝之編『サイボーグ・フェミニズム 増補版』所収、巽孝之/小谷真理訳、水声社、2001年、27―143ページ)がある。〕

Haraway, Donna J., *Simians, Cyborgs, and Women: The Reinvention of Nature*, New York: Routledge, 1991.〔ハラウェイ『猿と女とサイボーグ』高橋さきの訳、青土社、2000年〕

Haraway, Donna J., *How Like a Leaf: An Interview With Thyrza*

Nichols Goodeve, New York: Routledge, 2000. 〔邦訳が、ダナ・ハラウェイ／シルザ・ニコルズ・グッドイヴ『サイボーグ・ダイアローグズ』（高橋透／北村有紀子訳、水声社、2007年）に収められている。〕

Hayles, N. Katherine, *How We Became Posthuman: Virtual Bodies in Cybernetics, Literature, and Informatics*, Chicago: University of Chicago Press, 1999.

Herbrechter, Stefan, *Posthumanism: A Critical Analysis*, London: Bloomsbury, 2013.

Herring, Susan, "Posting in a Different Voice: Gender and Ethics in CMC," in Charles Ess ed., *Philosophical Perspective on Computer-Mediated Communications*, Albany: State University of New York Press, 2006, pp. 115-145.

Ihde, Don, *Bodies in Technology*, Mineapolis: University of Minnesota Press, 2002.

Itard, Jean, "Mémoire et Rapport sur Victor de l'Aveyron," in Lucien Malson, *Les enfants sauvages: mythe et réalité*, annexe, Paris: 10/18 1964, pp. 117-247. 〔J・M・Gイタール『新訳 アヴェロンの野生児——ヴィクトールの発達と教育』（中野善達／松田清訳〔「野生児の記録」第7巻〕、福村出版、1978年）に、序文以外の二つの報告書（1801年／1806年）の邦訳が収められている。〕

Jenkins, Henry, *Textual Poachers: Television Fans & Participatory Culture*, New York: Routledge, 1992.

Lacan, Jacques, *Écrits*, Paris: Éditions du Seuil, 1966. 〔ジャック・ラカン『エクリI』宮本忠雄／竹内迪也／高橋徹／佐々木孝次訳、弘文堂、1972年、同『エクリII』佐々木孝次／三好暁光／早水洋太郎訳、弘文堂、1977年、同『エクリIII』佐々木孝次／海老原英彦／芦原眷訳、弘文堂、1981年〕

Laclau, Ernesto, and Chantal Mouffe, *Hegemony and Socialist Strategy: Towards a Radical Democratic Politics*, second edition, London: Verso, 2001. 〔エルネスト・ラクラウ／シャンタル・ムフ『民主主義の革命——ヘゲモニーとポスト・マルクス主義』西

永亮／千葉眞訳（ちくま学芸文庫）、筑摩書房、2012年。初版の邦訳に、エルネスト・ラクラウ／シャンタル・ムフ『ポスト・マルクス主義と政治——根源的民主主義のために 復刻新版』（山崎カヲル／石澤武訳、大村書店、2000年）がある。〕

Laqueur, Thomas, *Making Sex: Body and Gender from the Greeks to Freud*, Cambridge, Massachusetts: Harvard University Press, 1990.〔トマス・ラカー『セックスの発明——性差の観念史と解剖学のアポリア』高井宏子／細谷等訳、工作舎、1998年〕

Laudan, Larry, *Science and Values: The Aims of Science and Their Role in Scientific Debate*, Berkley: University of California Press, 1984.〔ラリー・ラウダン『科学と価値——相対主義と実在論を論駁する』小草泰／戸田山和久訳（「双書現代哲学」第8巻）、勁草書房、2009年〕

MacAloon, John J., "Introduction: Cultural Performances, Cultue Theory," in John J. MacAloon ed., *Rite, Drama, Festival, Spectacle: Rehearsals Toward a Theory of Cultural Performance*, Philadelphia: Institute for the Study of Human Issues, 1984, pp. 1-15.〔ジョン・J・マカルーン編『世界を映す鏡——シャリヴァリ・カーニヴァル・オリンピック』光延明洋／今福龍太／上野美子／高山宏／浜名恵美訳（テオリア叢書）、平凡社、1988年、11—33ページ〕

MacCormack, Patricia, *Posthuman Ethics: Embodiment and Cultural Theory*, Farnham: Ashgate, 2012.

MacKinnon, Catharine A., *Only Words*, Cambridge, Massachusetts: Harvard University Press, 1993.〔キャサリン・A・マッキノン『ポルノグラフィ——「平等権」と「表現の自由」の間で』柿木和代訳、明石書店、1995年〕

Malson, Lucien, *Les enfants sauvages: mythe et réalité*, Paris: 10/18, 1964.〔L・マルソン『野生児——その神話と真実』中野善達／南直樹訳（「野生児の記録」第5巻）、福村出版、1977年〕

Merleau-Ponty, Maurice, *Phénoménologie de la perception*, Paris: Gallimard, 1945.〔M・メルロ＝ポンティ『知覚の現象学』中島盛

夫訳（叢書・ウニベルシタス）、法政大学出版局、1982年〕

Moreno, J. L., *Who Shall Survive?: Foundations of Sociometry, Group Psychotherapy and Sociodrama*, Beacon: Beacon House, 1953.

Nadaud, Stéphane, *Manuel à l'usage de ceux qui veulent réussir leur [anti]œdipe*, Paris: Fayard, 2006.〔ステファヌ・ナドー『アンチ・オイディプスの使用マニュアル』信友建志訳、水声社、2010年〕

Nayer, Pramod K., *An Introduction to New Media and Cybercultures*, Chichester: Wiley-Blackwell, 2010.

Nayar, Pramod K., "Introduction," in Pramod K Nayar ed., *The New Media and Cybercultures Anthology*, Chichester: Wiley-Blackwell, 2010, pp. 1-5.

Nayar, Pramod K., *Posthumanism*, Cambridge: Polity Press, 2014.

Nemura, Naomi, "A Study of Change of the Body View in Cyberculture," *Journal of Socio-Informatics*, 7(1), 2014, pp. 37-46.

Nicholson, Linda, "Interpreting Gender," *Signs: Journal of Women in Culture and Society*, 20(1), 1994, pp. 79-105.〔リンダ・ニコルソン「〈ジェンダー〉を解読する」荻野美穂訳・解題、「思想」1995年7月号、岩波書店、103—134ページ〕

Poster, Mark, *The Mode of Information: Poststructuralism and Social Context*, Cambridge: Polity Press, 1990.〔マーク・ポスター『情報様式論』室井尚／吉岡洋訳（岩波現代文庫）、岩波書店、2001年〕

Putnam, Hilary, *Reason, Truth and History*, Cambridge: Cambridge University Press, 1981.〔ヒラリー・パトナム『理性・真理・歴史——内在的実在論の展開』野本和幸／中川大／三上勝生／金子洋之訳（叢書・ウニベルシタス）、法政大学出版局、1994年〕

Putnam, Hilary, *Realism and Reason: Philosophical Papers*, Vol. 3, Cambridge: Cambridge University Press, 1983.〔ヒラリー・パトナム『実在論と理性』飯田隆／金田千秋／佐藤努／関口浩喜／山下弘一郎訳、勁草書房、1992年〕

Rheingold, Howard, *The Virtual Community: Homesteading on the Electronic Frontier*, New York: HarperPerennial, 1994.

Richardson, Ingrid, and Carly Harper, "Corporeal Virtuality: The Impossibility of a Fleshless Ontology," *Body, Space, and Technology*, 2(2), 2002. (http://people.brunel.ac.uk/bst/vol0202/ingridrichardson.html)［2012年12月12日アクセス］

Roberts, Lynne D., and Malcolm R. Parks, "The Social Geography of Gender-switching in Virtual Environments on the Internet," in Eileen Green and Alison Adam eds., *Virtual Gender: Technology, Consumption and Identity*, London: Routledge, 2001, pp. 265-285.

Rooksby, Emma, "Empathy in Computer-Mediated Communication," in Mark J. P. Wolf ed., *Virtual Morality: Morals, Ethics, and New Media*, New York: Peter Lang, 2003, pp. 39-62.

Ryan, Marie-Laure, *Narrative as Virtual Reality: Immersion and Interactivity in Literature and Electronic Media*, Baltimore: Johns Hopkins University Press, 2001.

Singer, Milton, *When a Great Tradition Modernizes: An Anthropological Approach to Indian Civilization*, New York: Praeger, 1972.

Stockton, Kathryn Bond, "Bodies and God: Poststructuralist Feminists Return to the Fold of Spiritual Materialism," in Margaret Ferguson and Jennifer Wicke eds., *Feminism and Postmodernism*, Durham: Duke University Press, 1994, pp. 129-165.

Stone, Allucquère Rosanne, "Will the Real Body Please Stand Up?: Boundary Stories about Virtual Cultures(1991)," reprinted in David Bell and Barbara M. Kennedy eds., *The Cybercultures Reader*, second edition, London: Routledge, 2007, pp. 433-455.

Stone, Allucquère Rosanne, *The War of Desire and Technology at the Close of the Mechanical Age*, Cambridge, Massachusetts: MIT Press, 1995.〔アルケール・ロザンヌ・ストーン『電子メディア時代の多重人格――欲望とテクノロジーの戦い』半田智久／加藤久枝訳、新曜社、1999年〕

Tirado, Francisco Javier, "Against Social Constructionist Cyborgian Territorializations (1999)," reprinted in Bell ed., *cyberculture,* vol.4,

2006, pp. 283-296.

Tomas, David, "The Technophilic Body: On Technicity in William Gibson's Cyborg Culture(1989)," reprinted in Bell and Kennedy eds., *The Cybercultures Reader*, second edition, London: Routledge, pp. 130-143.

Turkle, Sherry, *Life On The Screen: Identity in the Age of the Internet*, New York: Simon & Schuster, 1995.〔シェリー・タークル『接続された心——インターネット時代のアイデンティティ』日暮雅通訳、早川書房、1998年〕

Turner, Victor, *From Ritual to Theatre: The Human Seriousness of Play*, New York: Performing Arts Journal Publications, 1982.

Weinstone, Ann, *Avatar Bodies: A Tantra for Posthumanism*, Minneapolis: University of Minnesota Press, 2004.

Wolf, Mark J. P., "From Simulation to Emulation: Ethics, Worldviews, and Video Games," in Wolf ed., *Virtual Morality: Morals, Ethics, and New Media*, New York: Peter Lang, pp. 63-77.

Wolfe, Cary, *What Is Posthumanism?*, Minneapolis: University of Minnesota Press, 2009.

Yi, Dongshin, *A Genealogy of Cyborgothic: Aesthetics and Ethics in the Age of Posthumanism*, Farnham: Ashgate, 2010.

Zingg, Robert M., "Feral Man and Extreme Cases of Isolation," *The American Journal of Psychology*, 53(4), 1940, pp. 487-517.〔R・M・ジング「野生人と極端に孤立した環境で育った諸事例」大沢正子訳、R・M・ジングほか『遺伝と環境——野生児からの考察』中野善達編訳(「野生児の記録」第4巻)所収、福村出版、1978年、122—182ページ〕

Zylinska, Joanna, and Gray Hall, "Probings: An Interview with Stelarc," in Joanna Zylinska ed., *The Cyborg Experiments: The Extensions of the Body in the Media Age*, London: Continuum, 2002, pp. 114-130.

〔和書〕(五十音順)

麻生武『ファンタジーと現実』(「認識と文化」第4巻)、金子書房、1996年

東浩紀『存在論的、郵便的——ジャック・デリダについて』新潮社、1998年

東浩紀「サイバーパンクの日本が喪われた時代に——ウィリアム・ギブスン『あいどる』文庫版への解説」『郵便的不安たち♯』(朝日文庫)、朝日新聞社、2002年、373—379ページ

東浩紀「新しい情報環境 道具あるなら使えばいい」「朝日新聞」2011年1月27日付

天野義智『繭の中のユートピア——情報資本主義の精神環境論』弘文堂、1992年

American Psychiatric Association編、日本精神神経学会日本語版用語監修『DSM—5 精神疾患の分類と診断の手引』髙橋三郎／大野裕監訳、染矢俊幸／神庭重信／尾崎紀夫／三村將／村井俊哉訳、医学書院、2014年

伊藤公雄『〈男らしさ〉のゆくえ——男性文化の文化社会学』新曜社、1993年

今田高俊『意味の文明学序説——その先の近代』東京大学出版会、2001年

今田高俊『自己組織性と社会』(社会学シリーズ)、東京大学出版会、2005年

岩瀬将和監修『ウルティマオンライン・オフィシャルガイドGM』イースト・プレス、2001年

遠藤薫「旅人たちのヴァーチャル・コミュニティ——メディアの時代に「社会」はどのようにして可能か」、今田高俊編『ハイパー・リアリティの世界——21世紀社会の解読』所収、有斐閣、1994年、125—173ページ

遠藤徹『ポスト・ヒューマン・ボディーズ』青弓社、1998年

大島清『性紀末』毎日新聞社、1995年

奥野卓司『パソコン少年のコスモロジー——情報の文化人類学』筑摩書房、1990年

小倉千加子『セックス神話解体新書』(ちくま文庫)、筑摩書房、

1995年

小倉千加子『セクシュアリティの心理学』(有斐閣選書)、有斐閣、2001年

加藤尚武『先端技術と人間――21世紀の生命・情報・環境』(NHKライブラリー)、日本放送出版協会、2001年

川村久美子「訳者改題 普遍主義がもたらす危機」、ブルーノ・ラトゥール『虚構の「近代」――科学人類学は警告する』所収、川村久美子訳・解題、新評論、2008年、255―320ページ

北田暁大「ジェンダーと構築主義――何の構築主義か」、江原由美子／山崎敬一編『ジェンダーと社会理論』所収、有斐閣、2006年、25―36ページ

ギブスン、ウィリアム「インタビュー『ニューロマンサー』から『あいどる』へ――ウィリアム・ギブスン自作を語る」聞き手：ラリイ・マキャフリイ／巽孝之、巽孝之編『ウィリアム・ギブスン』(「現代作家ガイド」第3巻)所収、彩流社、1997年、23―36ページ

佐々木輝美『メディアと暴力』勁草書房、1996年

澤野雅樹『ドゥルーズを「活用」する！――自分で考える道具としての哲学』彩流社、2009年

品川哲彦「倫理、倫理学、倫理的なるもの」『日本倫理学会第56回大会報告集』日本倫理学会、2005年、7―11ページ

シュッツ、アルフレッド、モーリス・ナタンソン編『社会的現実の問題2』渡部光／那須壽／西原和久訳(「アルフレッド・シュッツ著作集」第2巻)、マルジュ社、1985年〔オリジナルは、Alfred Schütz, *Collected Papers* Ⅰ: *The Problem of Social Realty* (edited and introduced by Maurice Natanson, The Hauge: Martinus Nijhoff, 1962.) のうちの PartⅢ: Symbol, Reality and Society である。〕

杉田聡『男権主義的セクシュアリティ――ポルノ・買売春擁護論批判』(シリーズ現代批判の哲学)、青木書店、1999年

スコット，J・W「ジェンダー再考」荻野美穂訳・解題、「思想」1999年4月号、岩波書店、5―34ページ

髙橋準『ジェンダー学への道案内 4訂版』北樹出版、2014年

高橋透『サイボーグ・エシックス』(水声文庫)、水声社、2006年

高橋透『サイボーグ・フィロソフィー——『攻殻機動隊』『スカイ・クロラ』をめぐって』NTT出版、2008年

高橋雄一郎『身体化される知——パフォーマンス研究』せりか書房、2005年

竹村和子『フェミニズム』(思考のフロンティア)、岩波書店、2000年

永瀬唯『肉体のヌートピア——ロボット、パワード・スーツ、サイボーグの考古学』青弓社、1996年

永田素彦「訳者あとがき」、K・J・ガーゲン『社会構成主義の理論と実践——関係性が現実をつくる』所収、永田素彦／深尾誠訳、ナカニシヤ出版、2004年、387—391ページ

根村直美「情報社会のリアリティとアイデンティティ」、根村直美編著『ジェンダーで読む健康／セクシュアリティ』(「健康とジェンダー」第2巻) 所収、明石書店、2003年、59—82ページ

根村直美「ヴァーチャル・ワールドのジェンダー／セクシュアリティ——その両義性」「研究紀要」第47号、日本大学経済学研究会、2004年、71—81ページ

根村直美「情報社会における「自己」の多元性——その倫理的可能性」「日本社会情報学会学会誌」第18巻第1号、日本社会情報学会、2006年、31—44ページ

根村直美「コンピュータを介したコミュニケーション論の倫理学的検討」「研究紀要」第53号、日本大学経済学部、2006年、41—50ページ

根村直美「MMORPG(マッシブリー・マルチプレイヤー・オンライン・ロールプレイング・ゲーム) におけるジェンダー・スウィチングに関する一考察」「日本社会情報学会全国大会研究発表論文集」日本社会情報学会、2007年、38—43ページ

根村直美「サイバー・スペースの自己と身体に関する一考察——ジェンダー秩序への異議申し立てはいかにして可能となるか」「社会情報学研究」第14巻第1号、日本社会情報学会、2010年、77—91ページ

根村直美「生成としてのサイボーグに関する一考察」「日本社会情報

学会全国大会研究発表論文集」日本社会情報学会、2011年、89―94ページ
根村直美「「サイボーグ」という経験を捉える視座とはどのようなものか」「研究紀要」第68号、日本大学経済学部、2011年、23―35ページ
根村直美『現代倫理学の挑戦――相互尊重を実現するための自己決定とジェンダー』(学術叢書)、学術出版会、2013年
根村直美「サイバー・カルチャー研究の方法――覆い隠された〈身体〉経験の顕在化に向けて」「研究紀要」第75号、日本大学経済学部、2014年、155―165ページ
ハイム、マイケル『仮想現実のメタフィジックス』田畑暁生訳、岩波書店、1995年〔オリジナルは、Michael Heim, *The Metaphysics of Virtual Reality* (New York: Oxford University Press, 1993.) である。〕
ハラウェイ、ダナ＋巽孝之「サイボーグ・フェミニズムの文学」、ダナ・ハラウェイ／サミュエル・ディレイニー／ジェシカ・アマンダ・サーモンスン、巽孝之編『サイボーグ・フェミニズム 増補版』所収、巽孝之／小谷真理訳、水声社、2001年、231―257ページ
針間克己「新時代のジェンダー概念――男女二極モデルから多様性モデルへ」、深津亮／原科孝雄／塚田攻／針間克己／松本清一／阿部輝夫／金子和子／及川卓『こころとからだの性科学』(「こころのライブラリー」第1巻)所収、星和書店、2001年、49―67ページ
東清和／小倉千加子編『ジェンダーの心理学』(「ワセダ・オープンカレッジ双書」第4巻)、早稲田大学出版部、2000年
ポルノ・買春問題研究会編『ポルノ・買春問題研究会論文・資料集』第3巻、ポルノ・買春問題研究会、2002年
水谷雅彦「インターネット時代の情報倫理学」、越智貢／土屋俊／水谷雅彦編『情報倫理学――電子ネットワーク社会のエチカ』(「叢書＝倫理学のフロンティア」第4巻)所収、ナカニシヤ出版、2000年、3―48ページ
水野勝仁「インターフェイス再考――マウスとメタファーとを結びつ

けるヒトの身体」「社会情報学研究」第13巻第1号、日本社会情報学会、2009年、43—57ページ
村瀬幸浩「性的欲求について——性差？自然？文化？」「月刊生徒指導」1997年11月増刊号、学事出版、50—55ページ
森山眞弓／野田聖子編著『よくわかる改正児童買春・児童ポルノ禁止法』ぎょうせい、2005年
ラトゥール、ブルーノ『虚構の「近代」——科学人類学は警告する』川村久美子訳・解題、新評論、2008年〔オリジナルは、Bruno Latour, *Nous n'avons jamais* été modernes: essai d'anthropologie symétrique（Paris: La Découverte, 1991.）である。〕
リー、ナミン「現象学と質的研究の方法」吉田聡訳、「死生学研究」第12号、東京大学大学院人文社会系研究科、2009年、8—34ページ
山口泰司「訳者あとがき」、ダニエル・C・デネット『解明される意識』所収、山口泰司訳、青土社、1998年、581—597ページ
鷲津浩子／森田孟編『アメリカ文学とテクノロジー』筑波大学アメリカ文学会、2002年

参考にしたウェブサイト（50音順）

「FPS」「IT用語辞典 e-words」（http://e-words.jp/w/FPS-1.html）〔2008年2月25日アクセス〕
「MMORPG」「IT用語辞典 e-words」（http://e-words.jp/w/MMORPG.html）〔2005年10月15日アクセス〕
「MMORPG」「インサイダーズ・コンピュータ・ディクショナリー」（http://www.atamarkit.co.jp/icd/root/49/42848349.html）〔2005年10月15日アクセス〕
「MMORPG」「OCNゲーム オンラインゲーム用語集」（http://game.ocn.ne.jp/word/alphabet/m-r.html#MMORPG）〔2008年2月25日アクセス〕
「MUD」「IT用語辞典バイナリ」（http://www.sophia-it.com/content/MUD）〔2008年2月25日アクセス〕
外務省「「児童の売買、児童買春及び児童ポルノに関する児童の権利に関する条約の選択議定書」の批准書の寄託について」（http://

www.mofa.go.jp/mofaj/press/release/17/rls_0125a.html）〔2014年6月3日アクセス〕

「各駅停食：ネカマ」（http://humptydumpty.tea-nifty.com/kakukei/2004/08/post2.html）〔2005年11月2日アクセス〕

「サイバースペース」、松村明／三省堂編修所編『大辞林 第3版』三省堂、2006年（「サイバースペース」「コトバンク」〔https://kotobank.jp/word/%E3%82%B5%E3%82%A4%E3%83%90%E3%83%BC%E3%82%B9%E3%83%9A%E3%83%BC%E3%82%B9-3663#E5.A4.A7.E8.BE.9E.E6.9E.97.20.E7.AC.AC.E4.B8.89.E7.89.88〕〔2013年2月18日アクセス〕）

Tisch School of the Arts at NYU, "What is Performance Studies?" (http://performance.tisch.nyu.edu/object/what_is_perf.html)〔2013年11月10日アクセス〕

「ネカマの人に質問」「教えてgoo」（http://oshiete.goo.ne.jp/qa/1446534.html）〔2005年7月16日アクセス〕

「ネカマ論」（http://www.hm3.aitai.ne.jp/~okuoku/nekama.htm）〔2005年6月21日アクセス〕

Patrizio, Andy「女性キャラになって『エバークエスト』の旅に出よう（上）」日本語版：河原稔／柳沢圭子、「ワイアード・ニュース」（http://wired.jp/2001/01/24/%E5%A5%B3%E6%80%A7%E3%82%AD%E3%83%A3%E3%83%A9%E3%81%AB%E3%81%AA%E3%81%A3%E3%81%A6%E3%80%8E%E3%82%A8%E3%83%90%E3%83%BC%E3%82%AF%E3%82%A8%E3%82%B9%E3%83%88%E3%80%8F%E3%81%AE%E6%97%85%E3%81%AB%E5%87%BA/）〔2005年11月2日アクセス〕

UNESCO Digital Arts Portal, "Monika Fleischmann & Wolfgang Strauss eMuse." (http://digitalarts.lmc.gatech.edu/unesco/vr/artists/vr_a_mfleischmann.html)〔2014年9月9日アクセス〕

その他

「性暴力ソフト制作禁止決定 業界審査機関」「朝日新聞」2009年6月5日付

あとがき

　本書は、〈サイバー・カルチャー〉のうちにどのような自己や身体、そして、ジェンダーが現れてきているのかを明らかにすることを通じて、ポスト・ヒューマン社会に対応する倫理の探究への扉を開こうとしたものである。その際には、現在うみだされつつあるそれらの理解のあり方に対して〈現状批判〉に興じるような姿勢を避け、情報社会の可能性を探る立場をとった。すなわち、現在の電子的環境がうみだしつつある自己、身体、そして、ジェンダーの理解を、〈既存の仕方で秩序化された世界〉とは異なる世界の可能性を明らかにするものと捉え、その分析を試みた。そして、サイバー・カルチャーが顕在化させる世界の概念化に取り組んだのである。

　電子テクノロジー社会のなかで我々が抱くようになっている自己、身体、そして、ジェンダーについての理解がどのようなものかを明らかにしようとする試みは、我々が〈人間〉についてどのように考え、どのような倫理をうみだそうとしているかの考察につながっていくと考えられる。サイバー・カルチャーは、〈サイボーグ自己〉など近代的な〈人間〉の枠では捉えきれない〈ポスト・ヒューマン〉を様々に表現してきている。筆者は現在、本書での研究成果を受けながら、アニメ映画など日本発のサイバー・カルチャーに示されたポスト・ヒューマニズムについての考察を推し進めている。今後はさらに、本書での研究成果を生かしながらその考察を深め、〈ポスト・ヒューマン・エシックス〉の探究へと向かっていきたい。

本書の各章は、これまで様々な雑誌に発表してきた論文に対し加筆・修正をおこなったものである。なかには大幅な修正をおこなったものもあるが、以下に、基となった論文を記す。

第1章　「ヴァーチャル・ワールドのジェンダー／セクシュアリティ――その両義性」「研究紀要」第47号、日本大学経済学研究会、2004年、71―81ページ

第2章　「MMORPG（マッシブリー・マルチプレイヤー・オンライン・ロールプレイング・ゲーム）におけるジェンダー・スウィチングに関する一考察」「日本社会情報学会全国大会研究発表論文集」日本社会情報学会、2007年、38―43ページ

第3章　「コンピュータを介したコミュニケーション論の倫理学的検討」「研究紀要」第53号、日本大学経済学部、2006年、41―50ページ

第4章　「情報社会における「自己」の多元性――その倫理的可能性」「日本社会情報学会学会誌」第18巻第1号、日本社会情報学会、2006年、31―44ページ

第5章　「サイバー・スペースの自己と身体に関する一考察――ジェンダー秩序への異議申し立てはいかにして可能となるか」「社会情報学研究」第14巻第1号、日本社会情報学会、2010年、77―91ページ

第6章　"A Study of Change of the Body View in Cyberculture," *Journal of Socio-Informatics*, 7(1), 2014, pp. 37-46.

第7章　「生成としてのサイボーグに関する一考察」「日本社会情報学会全国大会研究発表論文集」日本社会情報学会、2011年、89―94ページ

第8章　「「サイボーグ」という経験を捉える視座とはどのようなものか」「研究紀要」第68号、日本大学経済学部、2011年、23―35ページ

第9章 「サイバー・カルチャー研究の方法――覆い隠された〈身体〉経験の顕在化に向けて」「研究紀要」第75号、日本大学経済学部、2014年、155―165ページ

　本書の刊行は、2012年度に特別研究員としての時間（サバティカル）をいただいて研究を大きく進めることができたために可能となった。特別研究員としての期間を与えてくれた日本大学経済学部の教職員のみなさんには深く感謝の意を表したい。

　また、本書は、科学研究費助成金による研究「コンピュータを介したコミュニケーション論の再構築――ジェンダー分析の新たな展開」（種目：平成17年〔2005年〕―19年〔2007年〕度・基盤研究C　課題番号：JP17510225　研究代表者）と「サイバー・カルチャーの新たな展開――その〈身体〉解釈は何を示すのか」（種目：平成25年〔2013年〕―28年〔2016年〕度・基盤研究C　課題番号：JP25511014　研究代表者）で得られた研究成果から成り立っている。本書の刊行は、その助成があってこそ得られた研究成果によって可能になっている。心から感謝を申し上げたい。

　第2章でその結果について論じたアンケート調査では、105人の方から回答を得た。その方々には、まったくのボランティアにもかかわらず協力いただいたことにあらためてお礼を申し上げたい。また、その調査に研究協力者として加わってくれた原田雅史氏にもこの場を借りて感謝の気持ちを伝えたいと思う。さらに、第6章は、亡き竹村和子氏の研究室からいただいた文献を参考とすることによって執筆することができた。その文献を筆者に託してくれたのは、竹村研究室の手伝いをされていた花岡ナホミさんである。竹村氏と花岡さんに、深く感謝の意を捧げたい。

　そして、本書の作成にあたって校閲作業を引き受けてくれた鳥山純子さん、中村雪子さん、横山美和さんにも、心からの感謝を表したいと思う。

なお、本書の刊行にあたっては、所属する日本大学経済学部から、学術出版助成金の交付を受けることができた。その助成がなければこのような専門書を出版することは難しかっただろう。心からの感謝を申し上げたい。また、出版を引き受けてくれた青弓社のみなさんにも同様の謝意を表したい。

　本書の考察は筆者の力量の限界ゆえに、まだまだ不十分なものにとどまっている。また、本書でおこなった考察は、電子的環境がうみだしつつある世界の可能性を概念化するものとしてのサイバー・カルチャー研究の序章にすぎない。その先には、ポスト・ヒューマニズムの考察とポストヒューマン・エシックスの探究という大きな課題が横たわっている。本書の考察をより十分なものにしていくため、また、残された課題に取り組むため、今後さらにサイバー・カルチャー研究を積み重ねていくこともまた、本書の執筆に力を貸してくれた人たちへ感謝の意を表していくことになると思っている。今後のさらなる精進を誓って本書を締めくくりたいと思う。

2016年8月

［著者略歴］
根村直美（ねむら　なおみ）
1964年、岐阜県生まれ
日本大学経済学部教授
専攻は倫理学、現代思想
著書に『現代倫理学の挑戦』（学術出版会）、共編著に『健康とジェンダー』シリーズ（明石書店）、共著に『概説　現代の哲学・思想』（ミネルヴァ書房）、論文に、「『イノセンス』に見るポスト・ヒューマニズムと〈身体〉の構築主義」（「社会情報学」第5巻第1号）、"A Study of Change of the Body View in Cyberculture"（*Journal of Socio-Informatics*, Vol.7, No.1）など

ポストヒューマン・エシックス序説(じょせつ)
サイバー・カルチャーの身体を問う

発行	2017年2月28日　第1刷
定価	4600円＋税
著者	根村直美
発行者	矢野恵二
発行所	株式会社青弓社 〒101-0061 東京都千代田区三崎町3-3-4 電話 03-3265-8548（代） http://www.seikyusha.co.jp
印刷所	三松堂
製本所	三松堂

©Naomi Nemura, 2017
ISBN978-4-7872-3413-1 C0036

浅見克彦
SFで自己を読む
『攻殻機動隊』『スカイ・クロラ』『イノセンス』

押井守作品を取り上げ、物語的な謎の解明に注力しながら「〈わたし〉の固有性のゆらぎ」などを読み解き、「別の自己像へのしなやかな流転」というＳＦがもつ魅力の核を析出する。定価1600円＋税

浅見克彦
SF映画とヒューマニティ
サイボーグの腑

『ターミネーター』『2001年 宇宙の旅』などからサイボーグやロボット、地球外生命体と人間との接触が映し出す現代文化のありようを解読し、アイデンティティについて考察する。　定価5000円＋税

上野俊哉
荒野のおおかみ
押井守論

押井守は「大戦間期」の作家ではないか――この刺激的な仮説のもとに押井監督の作品群を読み込む。閉塞する日本社会に「抜けない棘」のようにはたらきかける批評の挑発。　　　定価2800円＋税

マーシャル・マクルーハン　浅見克彦訳
グローバル・ヴィレッジ
21世紀の生とメディアの転換

メディアの予言者は、電子メディアの拡張とグローバル化、その先にある「グローバル・ヴィレッジ」に、あらゆる文化環境の対立と共存を見た。マクルーハン思想の臨界点。　　定価4400円＋税